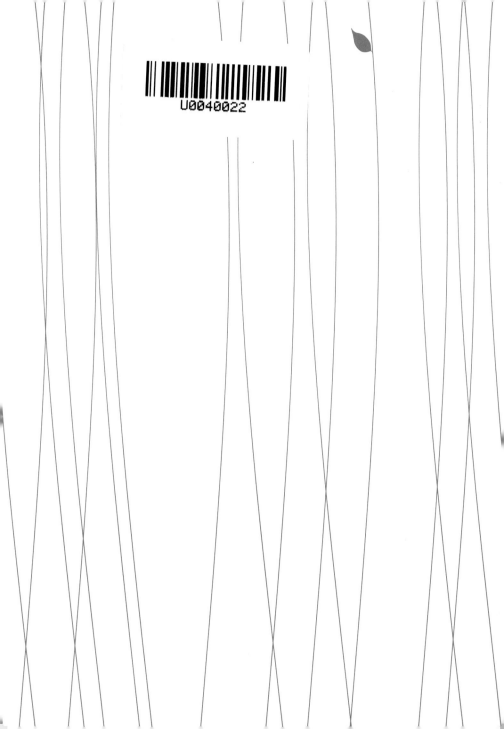

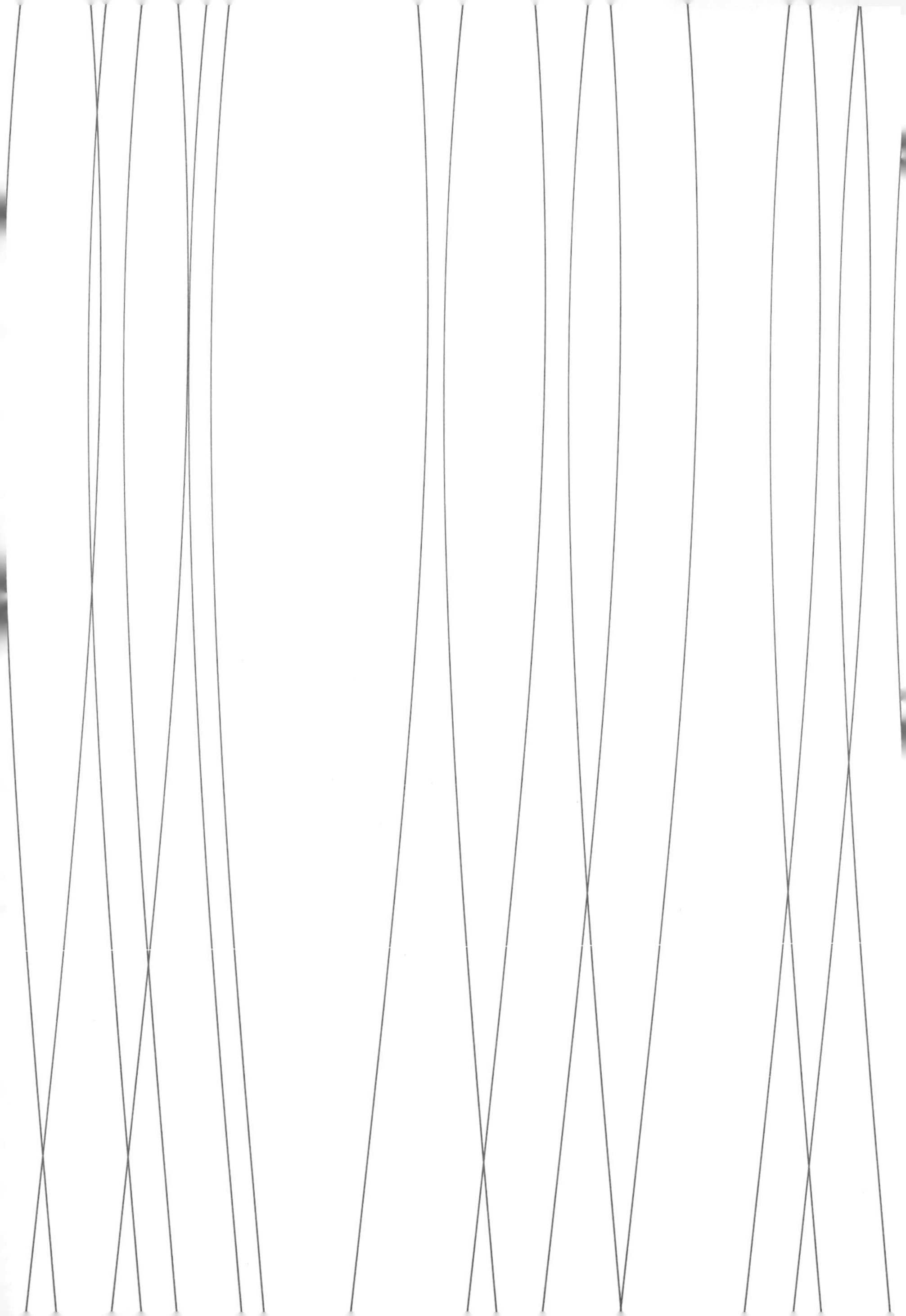

黃金之葉

行進於知識的密林裡，
途徑如此幽微。
我們尋覓一些參天古木，作爲指標，
我們也收集一些或隱或現的黃金之葉，引爲快樂。

黃金之葉
16

Net and Books 網路與書

猶太教育的千年傳承

根植於律法的生命教育之祕密

HISTORY OF JEWISH EDUCATION FROM 515 B. C. E. TO 220 C.E.

作者 : Nathan Drazin（內森・德拉金）
譯者：張博（前言至第四章）、張瑋哲（第五、六章）、
邱鐘義（第七章）、江坤祐（第二章註釋、第八章、參考書目）
導讀者：曾宗盛
責任編輯：冼懿穎
封面設計：許慈力
美術編輯：Beatniks
校對：呂佳真

出版者：英屬蓋曼群島商網路與書股份有限公司台灣分公司
發行：大塊文化出版股份有限公司
台北市 10550 南京東路四段 25 號 11 樓
www.locuspublishing.com
TEL：(02)8712-3898　FAX：(02)8712-3897
讀者服務專線：0800-006689
郵撥帳號：18955675　戶名：大塊文化出版股份有限公司
法律顧問：董安丹律師、顧慕堯律師

總經銷：大和書報圖書股份有限公司
地址：新北市新莊區五工五路 2 號
TEL：(02)8990-2588　FAX：(02)2290-1658
製版：瑞豐實業股份有限公司

初版一刷：2018 年 1 月
定價：新台幣 300 元
ISBN： 978-986-6841-96-5

Printed in Taiwan

猶太教育的千年傳承

根植於律法的生命教育之祕密

Nathan Drazin

HISTORY OF JEWISH EDUCATION
FROM 515 B. C. E. TO 220 C.E.

曾宗盛 / 導讀　張博、張瑋哲、邱鐘義、江坤祐 / 譯

猶太教育的千年傳承

目次

導讀

曾宗盛（台灣神學研究學院助理教授）

猶太人的教育與教養——教育，就是選擇生命與分享生命

內森．德拉金（Nathan Drazin，一九〇六—七六）拉比博士[1]寫作的《猶太教育的千年傳承》一書，最先出版於一九四〇年，此後本書成為有關猶太教育主題的重要著作，並被學者挑選為猶太文化與文明的重要作品，往後數十年持續多次再版，歷久不衰。甚至今年（二〇一七）仍繼續再版發行，可見本書的內容歷經時間的考驗，至今仍深具重要參考價值。

本書原名為《猶太教育的歷史：從公元前五一五年到公元二二〇年》，探討猶太人第二聖殿時期（Second Commonwealth，公元前五一五年—公元七〇年）和坦拿時期（Tannaim，公元二〇年—二二〇年）猶太教育的形成、

發展與演變。本書主要參考資料來自論及上述時期猶太教育的古代猶太作品，包括希伯來聖經（尤其〈以斯拉記〉、〈尼希米記〉和智慧文學）、米示拿、塔木德，以及公元第一世紀斐羅（Philo of Alexandria，公元前二〇年—公元五〇年）和約瑟夫（Titus Flavius Josephus，公元三七—一〇〇年）的作品。值得注意的是，作者從這些浩瀚龐雜的資料中，以淺白文字和清晰條理闡述這時期的猶太教育發展史。

介紹本書各章內容大要

本書重點爲探討猶太教育的主題，同時作者也將與教育相關的歷史背景、機構組織和制度演變一併列入討論，讓讀者以恢宏的視野來了解這時期猶太教育的特色。作者在本書的引論（第一章）介紹研究主題和目的，同時說明這時期（公元前五一五年—公元二二〇年）的歷史背景。接著逐章（第二章到第七章）討論六個主題，包括：（一）教育哲學，（二）學校制度的演變，（三）教育的施行，（四）教育的內容，（五）教學方法與原則，還有（六）女孩和婦女的教育。這六個主題構成本書的主要內容。此後，作者在本書結論比較猶太教育系統和當時希臘—羅馬教育體系的異同，突顯猶太教育的特色。最後，作者摘論猶太教育傳統的理念與方法如何延續到現代的猶太教育裡。

以下將本書主要內容（第二章到第七章）做些重點摘要，讓讀者了解各章內容大要：

第二章**「教育哲學」**。強調猶太教育的主要目標就是研究妥拉和遵守妥拉，妥拉就是猶太文化的同義詞。研究妥拉（Talmud Torah）是猶太教育的根本，它不只是知識的追求，更重要的是品格的形塑，融合研讀宗教經典與生活智慧，學習敬畏上帝、遵守妥拉的教導。其次，透過類比方法將學習妥拉連結相關的世俗知識，建構整體的猶太知識體系。事實上，猶太教育學無止境。

猶太教育追求四個理念和目標包括：（一）以宗教教育來塑造民族認同，維繫祖先的傳統；（二）教育最重要的目標來自宗教動機，讓下一代認識與遵行上帝的律法；（三）推動普及化教育，透過背誦和理解妥拉，讓每個猶太人成為妥拉的守護者；（四）將學習妥拉結合世俗職業，讓人在專業工作之餘，有時間學習妥拉。單純從學習妥拉得到樂趣（Torah lishmah），不求從中獲得物質的利益。

猶太人深信遵守妥拉可以帶來美善生活，它表現在人對上帝抱持愛與敬畏的態度，以及對鄰人發揮民胞物與的精神（你所厭惡的，不要做在他人身上）。猶太人透過日常的宗教修練、讀經、禱告與禮拜，實行自省的生活。在日常生活中展現美善就是一種神聖的存在。

在猶太人觀念裡，理想教育的基礎是妥拉，而妥拉是建立世界最重要的支柱。教育猶太人妥拉是邁向美好生活的途徑。猶太人強調教育必須從童年開始，而青少年正是培養品格的黃金時期；即使貧窮仍然要學習妥拉。猶太人敬重妥拉教師更甚於尊敬祭司或國王。妥拉是上帝的喜悅，它被比擬爲生命之水、生命樹、陽光和生命中各種美善事物。研究妥拉讓人無懼任何災難；事實上，研讀妥拉的教育正是猶太人的救贖。

第三章**「學校制度的演變」**。首先介紹從第二聖殿時期到坦拿時期的教育環境。[2]從猶太教育發展史的觀點來看，這時期可分成三個階段：文士時期（soferim）、雙賢時期（Zugot）和坦拿時期。第一階段是公元前五一五年第二聖殿完工啓用到公元前二〇〇年，此時期成立的教育機構是大議會（the Great Assembly），其中的猶太領袖稱爲文士；而以斯拉是當中最偉大的文士之一。第二階段從公元前二〇〇年到公元一〇年是雙賢時期，由七十位賢士組成的議會（Sanhedrin）設有領袖（Nasi）和副領袖（Ab bet din）。第三階段從公元一〇年到二二〇年是坦拿時期，議會設立的教師稱爲拉比（Rabbi，意思是「我的老師」），而議會的領袖則稱爲拉班（Rabban

意思是「我們的老師」）。

作者內森·德拉金主張，從第二聖殿時期到坦拿時期，猶太學校系統的發展經歷三個階段：首先成立高等教育機構，其次成立青少年的中等教育機構，最後才設立全面性的初等教育機構。從一些古代資料記載推測，猶太兒童在六至七歲時進入初等學校就讀，到十六至十七歲則進入中等學校進修。至於高等學校何時成立？已不可考，可能在公元前五世紀以斯拉時代已經開始。當時在巴比倫和耶路撒冷已出現幾所高等學院，不同大師招收許多弟子。在文士時期結束時，不同高等學院逐漸整併，在耶路撒冷成立高等教育機構，設有院長和副院長。此後，公元前七五年，西蒙·本·西塔（Simon ben Shetah，約公元前一二〇—四〇年）拉比開創了「雙階段」學校制度：設立高等學院和中等預科學校。接著，公元六四年約書亞·本·迦瑪拉（Joshua ben Gamala，生年不詳—公元七〇年）大祭司進一步改革，設立初等學校。此後確立高等、中等和初等學校系統，深遠影響後代的猶太教育。

在猶太高等學院的發展過程中，出現以下兩個特徵：**第一個特徵是高等**

教育普及化。耶路撒冷高等學院成立後，發展成希列拉比（Hillel，公元前一一〇—公元一〇年）和煞買拉比（Shammai，公元前五〇—公元三〇年）兩大學派。公元七〇年耶路撒冷遭到羅馬大軍摧毀以後，約哈難·本·撒該（Johanan ben Zakkai，公元前三〇—九〇年）拉比獲得羅馬皇帝維斯帕先（Vespasian）的許可，在亞麥尼雅（Jamnia）重建高等學院（〈論離婚訴狀〉56a-b），將希列和煞買兩大學派整合爲一。本·撒該拉比過世後，他的學生在不同地方（例如巴勒斯坦、羅馬、巴比倫）成立學院，促成教育普及化。

第二個特徵是學費政策的轉變。原來猶太初等教育和中等教育是免學費的；而高等教育則需收學費，作爲學院經常費的支出。到了希列和煞買兩大學院時期，出現不同的收學費政策：煞買學院維持傳統的收學費政策，而希列學院則根據希列拉比早年貧困求學的經驗，採取不收學費的政策，因而吸引許多學生就讀。這兩所學院在耶路撒冷持續採取不同的學費政策，直到公元七〇年耶路撒冷淪陷後，約哈難·本·撒該拉比繼續領導劫後餘生的猶太師生，將前述兩學院合併爲一。這新學院採取不收學費的政策，並加強篩選學生的入學資格。希列拉比的免學費政策最後成爲猶太教育主流。

第四章「**教育的施行**」。首先討論**學校建築與班級**：早在文士時期晚期，在耶路撒冷的聖殿山已設立高等學院——妥拉經學院（bet hamidrash）。這學院結合學校的教學與聖殿的宗教祭祀以及議會的司法審判，培養經學院的學生成爲敬畏上帝及審慎處理司法案件的教師。這高等學院的主要建築是一個大講堂，空間足以容納所有學生。整個學校在議會的院長和副院長的領導下，公開講授課程；所有的學生則站立聽課。不過，公元第一世紀末引入木板座椅，圍成多排半圓形的座位，而授課教師在半圓形的中間位置講課。如此座位安排讓學生可以看到教師以及其他同學。在這些半圓形的座位裡，前三排位置保留給學院裡資深學者或已具備拉比身分的學生；較資淺的學生則坐在後面幾排的位置。至於新生則坐在地板上聽課，正如當時一般人的習慣。亞麥尼雅的妥拉經學院院長是公認的教長（Patriarch）。

在中等學校和初等學校制度建立後，許多會堂在週間作爲學校上課的地方。根據耶路撒冷塔木德記載，耶路撒冷有四百八十間會堂設有學習米示拿的中等學校和學習希伯來聖經的初等學校（〈以斯帖經卷〉第三章第一節）。公元七〇年和一三五年，耶路撒冷先後遭到嚴重損毀，學校房舍急遽減少，轉往其他地方重建學校。初等和中等學校上課時間從早上到傍晚；至於高等學院的上課時間則分成兩段固定時間，白天和晚上，而下午則是講義課時間。從塔木德的資料推測，初等教育每班約有二十五至二十九位學生，並分配一位老師。而中學教育的每班學生人數可能會更多一些。當時的猶太男童普遍接受初等教育，約有三分之一的猶太人則繼續接受中等教育。

在第二聖殿時期，高等學院的維護經費主要來自學費。公元七〇年聖殿被毀之後，亞麥尼雅經學院的學習改為免學費。至於學校行政費用則由各地猶太人捐助支持。行政費主要支出為教師的薪資，其次是學校建築體的維修費用。至於老師的薪資並不高，通常只有微薄的鐘點費。整體而言，猶太人樂意贊助學校的經費。

有關督導和行政人員方面：從第二聖殿時期到坦拿時期，學校的督導和行政工作都由議會和法庭來負責。事實上，議會的主席也是高等學院的院長，他是首席教師、督學和行政主任。猶太地方法庭（bet din）負責各地方學校的督導和行政。巴比倫塔木德記載，公元七〇年耶路撒冷被毀以前，耶路撒冷有將近四百個這類的教育系統（〈論婚書〉105a），學生人數約達三、四萬人。大會堂的法官投入三樣事務：法庭審判、負責學校的督導和行政工作。這些督導和行政工作包括任免教師、開設新班級、收集學校稅金，以及撥發學校工作人員的薪資。若是發生任何糾紛，議會將做最後裁決。

班級的運作：從塔木德的資料推測，學校每個學習階段約有兩年的時間，學生在各階段開始前註冊入學。六至七歲學童進小學就讀，而十六至十七歲男學生入中學。羅馬帝國的壓迫導致猶太教育系統出現變化，迫使學習時間更爲壓縮。過去中等教育的時間爲學生十六至二十歲期間。後來，約書亞·本·迦瑪拉規定孩童六至七歲入小學，接續進入中學學習；到十四至十五歲時，必須學習完成猶太人日常生活所有必備的知識，以後可以自己獨立生活。

部分的中學畢業生可以進入拉比養成學院就讀。在第一、二年的試讀期間，這些新生坐在大講堂的地板上聽課，尚無資格參與討論。通過試讀後，學生才有機會坐在大講堂後面幾排椅子聽課，並參與討論。升入高年級的學生可以坐在大講堂前排座椅，他們被稱爲「負盾者」（baale tresin），要學習爲自己的論點做辯護。當這些學生完成所有的學習課程以後，就可以畢業；通過設立儀式（smicha）取得拉比或長老（zaken）的頭銜。此後他們具有權威可以對猶太律法案件做判斷，也成爲摩西律法的傳人。

在教師的資格和地位方面：猶太人教育理念認爲，教師的資格不只是豐富學識，還要具備其他條件，例如行政能力。初等和中等學校的教師資格，首要是具備充足的妥拉知識，其次是虔敬的信仰態度。此外，還要對學生有耐心，具備教學能力，高尚品格，看重教師的職分，以熱愛教學作爲神聖使命。不過，未結婚的男性和女性都不可擔任教師（〈論聖化〉第四章第十三節）。一般老師樂意將自己的學生推薦給學識更豐富的老師。他們相信，最好的老師更有資格作育英才。猶太人對老師有崇高尊敬，甚至流傳「尊敬老師如敬天」（〈先賢篇〉第四章第十二節）的訓示。相對的，老師也樂於以學生爲榮。在猶太傳統裡，師生間的情誼時常傳爲美談。正如一位大師如此說：「我從我的老師學習到許多妥拉的知識，但從我的同仁那裡學到的更多，而從我的學生那裡學到的最多。」（〈論鞭笞〉10a）

在成人教育方面：自從以斯拉以後出現成人教育的傳統，包括公開聚會、宣讀經文和解釋經文。最常見的教育方式是會堂的禮拜，在宣讀希伯來文聖經之後，用亞蘭文翻譯和解釋經文。而禮拜的講道具有教育功能，讓會眾了解律法；同時喚起信徒讀經的動機，遵守律法。猶太人的成人教育相當普及，而每天撥時間讀經和禱告更是成人教育的重要部分。當有十人共讀聖經，上帝就住在他們之中（〈先賢篇〉第三章第二至六節）。此外，猶太成人可以坐在經學院的大講堂地板上，旁聽課程。

第五章**「教育的內容」**。分別討論猶太人的**初等、中等和高等教育的內容**。米示拿（〈先賢篇〉第五章第二十一節）提到，在坦拿時期的猶太孩童五歲讀米刻拉（Mikra），十歲讀米示拿（Mishnah），十五歲讀塔木德（Talmud）。如此，猶太教育過程分成初等教育（讀寫米刻拉）、中等教育（研讀米示拿）和高等教育（研究塔木德）三個階段。在此需澄清的是，在第二聖殿時期和坦拿時期關於米大示（Midrash）和塔木德的定義：米大示是高等教育階段所運用的解釋經文方法；而塔木德的意思是「研究」和「學習」，在這脈絡裡意指學生需要記憶背誦重要智者對經文所做的解釋內容。

首先，**初等教育的內容**是熟讀聖經與認識聖經內容。初等學校由文士（經學教師）擔任老師，教導學生學習書寫，通常以四年時間完成基礎教育。教學內容包括妥拉（摩西五經）、先知書和聖卷，亦即希伯來聖經的內容。學童事先學會希伯來字母，接著認識字詞，然後學習五經；學習五經的順序從第三卷書（利未記）開始（因為這本討論潔淨祭物的書，適合心地單純的孩童誦讀）。換言之，學童在初等教育時期需學會摩西五經和認識獻祭儀式。此外，孩童還要學習其他內容：包括宗教、倫理、道德、知識和實踐；還有學習文法和作文、數學、地理、歷史，背誦會堂禮拜的禮儀經文，並認識猶太年曆。總之，初等學校學生需要學習許多科目。至於**學前教育**：學齡前兒童已開始學習背誦一些經文（例如「聽啊！以色列……」（示瑪禱詞））、遵守潔淨禮儀、參加三大節慶，並背誦節慶的禮儀文。在進入小學以前，孩童已經有許多學習。

其次，**中等教育的內容是學習米示拿**。[3]學童完成初等教育（熟讀摩西五經和背誦經文）之後，進入中等學校進一步學習和背誦米示拿的內容。米示拿是以希伯來文記錄了口傳律法流傳下來的內容，包括拉比解釋經文、辯論和其他故事。米示拿的特色是解釋摩西五經的經文，闡述經文的意義。除了學習和背誦米示拿以外，中等學校學生還要學習聖經裡非律法的內容、歷史年代表、數學和科學、潔淨／非潔淨食物、祭物、動物解剖學、醫學、年曆、天文學、植物學、建築等相關科目知識。其中最核心的主題仍是研究妥拉。

第三階段進入**高等教育，學習的內容是塔木德或米大示**。[4]高等學校的學生已經熟悉文字律法（希伯來聖經）和口傳律法（米示拿）的內容，他們需要再次研讀經文，並且深入研究經文裡每個字和詞的意思，因爲每個字詞都有深刻意義（學生需要記憶背誦這些內容）。至於解釋經文的方法，希列拉比提出七個解經原則，後來學者又增加幾個解經原則。透過這些解釋經文的方法可以發現經文的新意義，或是發展出律法的新細節。如果這些解釋律法的見解被多數的經學院接納，就會被收納入米示拿的內容裡面。因此米示拿的內容會隨時空的變化而增加篇幅。如果提出的問題是米示拿裡尚未探討過的議題，就會用類比方式進行討論，或是引用其他經文解釋來找尋新的答案，直到找到滿意的答案爲止。總之，高等教育要詳細討論妥拉經文的內容。

除了上述三階段的教育內容以外，還有**學校系統外的教育活動**：在初等和中等學校教育時期，學生除了學習妥拉和米示拿以外，也學習世俗知識。進入高等學校以後，更是如此。猶太人鼓勵學生學習宗教經典以及認識世俗知識。甚至有些拉比爲了證實學校內的知識學習，也在校外從事實驗活動。這些實驗包括外科手術、研究骨骼，還有學習外國語言等。其中學習希臘語是爲了和地方官員打交道，尤其斐羅和約瑟夫是猶太人中精通希臘哲學的代表人物。此外，不少猶太學者也精通體育、軍事科技，還有討論奧祕的知識。有些拉比具備豐富的希臘哲學素養以及豐富的比喻知識。事實上，新約聖經裡有些比喻故事取自希伯來聖經。

第六章**「教學方法與原則」**。討論「教育心理的原則」和「教學方法」兩主題。首先，在猶太教育心理的原則中，首要注意的就是學生學習能力的個別差異（individual differences）。坦拿時期的拉比將學生分成四種類型：快聽快忘、慢聽慢忘、快聽慢忘，以及慢聽快忘（〈先賢篇〉第五章第十二節）。這意思是指學生學習領悟能力的快慢，以及記憶力的強弱。從這裡又衍生出長期記憶力和短期記憶力的差別。這些分類也可運用在學生不同學習階段：在初等教育和中等教育學習階段，記憶力扮演重要角色，適合記憶背誦聖經經文、字詞的翻譯和米示拿。相對的，想像力和智力則較次要。進入高等教育階段以後，情況剛好相反。爲了解釋經文和解決律法的問題，需要好的智力與智慧；而背誦和記憶力則相對次要。這些分類如何運用在學校？

老師們會注意到學生的差異性，以便因材施教。如此，這四種分類可以讓老師照顧到不同學習能力的學生，讓學生得到有效果的學習。

老師教導學生學習正確內容，讓學生大聲朗誦經文以方便記憶，增進理解。同時老師交互測試學生的理解力，喚起學生學習的興趣，強化他們的判斷力。此外，學校要求老師的表達要精簡，讓學生方便理解和記憶；而寫作也是如此。相對的，老師訓練學生學習使用精簡明確的言語和文字表達思想。老師會適時用讚許的話語來鼓勵學生。在課程一開始，老師和學生選擇一個有興趣的題目，進行討論。老師成爲學生的朋友和啓蒙者，不要讓學生害怕問問題。

在**教學方法方面**，〈尼希米記〉第八章第八節提到宣讀希伯來經文，翻譯成亞蘭文（解釋經文），以及說明律法的細節。這三個因素涵蓋猶太成人教育的三階段：學習聖經、米示拿和塔木德。首先，**孩童初等教育**包括熟悉希伯來字母、認識基本字彙以及熟記字詞的意義和翻譯。了解希伯來文的讀音與文法以後，進一步誦讀五經經文及其翻譯。通常學童學習一兩年以後，就可以獨自讀經文和翻譯長段的經文。古代猶太人唯一的讀本就是聖經。因此，猶太人學習讀寫都和聖經連結在一起。其次，**中等和高等教育**運用各種技巧增進學生的學習效果。這些技巧包括利用字母的數值、詞首縮寫（例如將十災的內容縮寫爲「DeZaKh、EDash、B'AChaB」）、字源學，還有記憶和背誦，重複學習直到熟記內容。在高等學院裡，通常每天有四次教學時間（晚上、早上、中午和下午），各堂課之間保留充裕時間讓學生記憶學習的內容。而歌唱式背誦是相當好的學習方式，重複背誦增進記憶的技巧。值得注意的是，米示拿記錄保留了不同拉比的見解，教育下一代認識各種不同意見的價值（〈證言集〉第一章第四節）。學生透過比較米示拿裡面不同智者的見解，了解不同的觀點，同時爲開創新建鋪路。

在課堂中，老師每次介紹某種見解之後，會保留一些時間讓學生反思。經學生暫等一段時間或是等到研究某個問題以後，才提出問題來繼續討論。經過深入而詳細討論後，老師以條列式的方法來做摘要與結論。有時爲了幫助學生記憶，老師會用關鍵字詞將不同的主題串聯在一起。坦拿時期的智者列出學習妥拉的四十八種特質（〈先賢篇〉第六章第六節），強調妥拉比君王和祭司更重要，因為它具備更多的美德。

本書第七章說明女孩和婦女的教育。在簡要介紹古代的女性地位之後，進一步介紹女孩的教育和成年女性的教育。作者首先提出問題：第二聖殿時期的女性地位低於男性嗎？接著他從猶太律法和古代猶太著作兩方面入手分析，來檢視這問題，最後導出猶太人尊重女性的結論。（一）從**猶太律法**來看，作者認為律法中記載看似貶抑女性的經文，並非歧視或看輕女性；事實上，古代猶太女性擁有受尊重的地位（例如婚約載明男女雙方的義務，顯示對女性的尊重）。（二）而**古代猶太人著作**也顯示類似的情形。例如〈創世記〉的創造故事強調上帝是萬物的造物主，他創造人類，給予男女平等的地位。而婚姻中男女合一是實現上帝美好的創造。值得注意的是，作者認為，古代猶太學者（例如斐羅、約瑟夫）表達歧視女性的想法，這是受到希羅外來文化的負面影響，並非猶太思想的本意。在猶太家庭裡，孩子同樣尊重父母，甚至對母親表示更多的尊敬。最後作者做出結論，猶太律法並未輕視女性，男女地位是平等的。不過，一般猶太人都有重男輕女的傾向，認為兒子可以比女兒盡更多的宗教責任，服侍上帝。至於女性應做的家事和生產工作都有清楚的規範。作者再次強調，猶太女性受到尊重，有別於其他民族。

關於女孩的教育：根據猶太傳統，女孩不需研讀妥拉，也不用上學，但她們有接受教育的機會。在家裡父親教導學齡前女兒讀聖經，學習讀寫技巧，認識與聖經相關的知識，學習禱告。母親則教導女兒做家事。雖然女孩沒有機會學習米示拿，但是她們卻學習到相關的知識，讓她們可以做家事和遵守宗教習俗。換言之，女兒全然從父母獲得教育，培養良好品格與行為。猶太人認為，能娶拉比的女兒為妻是極高的榮譽。作者再次強調，雖然猶太女孩的教育屬於非義務性質，但是男女的地位仍是平等的。

小結：猶太女孩有機會接受基礎教育，不過這並非在初等學校裡進行，而是在家裡由父母來教育。父母教育女孩基本的聖經知識和宗教禮俗，尤其看重與宗教禮儀相關的家務事。總之，猶太女孩被排除在學校系統以外，她們在家裡從父母得到基礎教育。

有關**成年女性的教育**，女性從參與安息日禮拜和宗教節慶中，獲得教育的機會。但是她們不能進入學校裡享有學習（旁聽）的機會，女性被排除在學校教育體系以外。在家庭裡，女性在日常生活中獲得實用性的宗教教育知識，而母親教育是自願性質的工作。

在本書結論，作者內森·德拉金提出**猶太教育和希臘－羅馬教育的比較**。首先指出兩者**教育目標不同**：希羅教育的目標是成為好公民、追求知識、哲學思辨、建設富強國家。而猶太教育的目標則是宗教動機：認識妥拉和遵行妥拉，將宗教與生活融合為一；至於追求知識則是「副產品」。在希羅社會只有少數人接受教育，而且入學要收學費。相對的，猶太人的初等和中等教育則是普及教育，無需收取學費。在猶太高等教育，原來要收學費的政策後來也取消，無需繳交學費。其次，兩者的**學習科目**也有不同：根據希羅的課程安排，在九大學習科目中，以音樂為最高的首要科目。相對的，猶太教育將所有的學科整合在學習妥拉之中。希羅對於手工勞力的行業採取輕視的態度；相較之下，許多猶太拉比們多從事各種勞動行業，強調品格的養成。

在差異之外，猶太教育和希羅教育也有**相同點**：男童在六至七歲時入學，之前則在家學習。女孩不進入學校教育，只有在家學習。兩者都強調記憶背誦學習內容，學習各樣技能。不過，猶太人更強調學習者的個別差異，不信任透過玩耍和遊戲會達到學習效果，因爲他們認爲學習是嚴肅的事，需要透過心理學的方法來喚起學生學習的興趣。

作者強調，猶太教育系統和希羅教育體系並沒有關聯，早在公元前四世紀以前，猶太人已經成立了學習經典的學院。關於**老師的地位**也顯示兩文化的差異：在希羅社會，教師來自奴隸階層。然而，在猶太社會裡，老師是受尊敬的長者，有崇高的社會地位。最終，兩種文化最大的不同是**教育的內容**：猶太教育強調學習妥拉是首要的內容，引導每天的生活行爲；其他的知識都是次要的。希臘羅馬的倫理思考看重思辨，不重實踐；而猶太的倫理注重實踐。

在結論裡，作者還提到**猶太教育和現代教育**：猶太教育的免學費政策，證明它比起現代教育毫不遜色。猶太教育的發展先有高等教育，後有中等和初等教育體系，顯示其教育發展的過程。猶太教育首要目的並非追求文化知識，而是實行倫理的生活。猶太教育強調將所有相關世俗教育都融入妥拉研讀裡面，這是猶太生活。猶太人深信，所有的教育與學習都和生活相關，人的言行舉止必須和妥拉相稱。

現代教育的七項目標包括：保持健康、掌握基本方法、成爲家庭優秀成員、投入職業、公民權、善用休閒時間和道德品格。其中只有一項「職業」和猶太教育的目標無關，因爲對猶太人而言，職業是透過實際學習而來。其他六項都和猶太教育有密切關係，藉由妥拉培養實踐能力。猶太人深信，教育是持續一輩子的事，每天應保留時間來研讀與學習妥拉。在現代社會，猶太男女都接受高等教育，也有許多男性和女性參與猶太成人教育。猶太教育結合心理和學習內容，培養學生發展判斷力和智慧。

最後作者指出，猶太教育成功的原因包括：（一）從第二聖殿時期已經發展出教育系統，孩童從小就開始學習，初等教育也相當發達。（二）義務教育在古代猶太民族早已存在，出於宗教的緣故，教育是父母對孩子的義務。從公元前五一五年至公元二〇〇年期間，猶太人已經發展出有效率的教育系統。

這本書給予現代讀者的啟發

經上述各章的內容簡介，我們可以思考以下問題，這本書帶給我們現代讀者什麼啓發？首先，本書讓我們對於公元前六世紀到公元三世紀初的猶太教歷史背景和猶太教育發展及演變有概要的認識。猶太教育的根本是研究妥拉，學習敬畏上帝、培養品格、實踐民胞物與的精神、度過美善生活。這時期的發展確定了猶太人往後兩千年的教育內容與模式，在這基礎上建構起猶太的知識系統及發展猶太文化。而所有教學方法也是環繞這一主題。換言之，猶太教育是根植於妥拉以及代代相傳的生命教育。

其次，讓人印象深刻的是猶太教育的核心內容：希伯來聖經（尤其是妥拉/摩西五經）、米示拿和塔木德。從小學、中學到高等教育都環繞在這些經典，循序漸進的學習、背誦、分析、詮釋與應用。在這些核心內容之外，再連結其它各門知識、天文地理、人文與科學，建構出整個知識體系。歷史上出現不少橫跨各類知識領域的博學猶太人，這和他們的教育有密切關係。甚至本書提到的古老教學方法（聖經、米示拿和塔木德），至今仍繼續不同程度地實施在世界各猶太團體中，例如在培育猶太拉比的神學院裡，經典的學習仍然是必修的課程內容，栽培出面對新時代挑戰的智者，造福猶太社群和世界。

第三，猶太教育也深刻影響早期基督教的形成與發展。例如耶穌是猶太人，從小接受猶太教育；他成人後的言行與教導也都反映出猶太人的宗教觀以及推動改革的精神。而他的學生稱呼他爲「拉比」——猶太教的老師。其次，耶穌的門徒學生也都是猶太人，他們在猶太教育的氛圍中成長與生活。甚至基督教會重要的宣揚者保羅也是（希臘化的）猶太人。他雖身爲離散地大數（Tarsus）的猶太人，在希臘化的環境下，仍然接受猶太宗教嚴格教育的養成。他的老師正是當時耶路撒冷著名的拉比迦瑪列。從人類文明歷史發展來看，這時期的猶太教育不只影響了猶太文明，也形塑了早期基督教的形成與發展；換言之，猶太教育對世界文明的發展做出了重要的貢獻。

第四，猶太教育系統分成初等教育（小學）、中等教育（中學）和高等教育（妥拉經學院）的設計，反映出古代猶太先賢深睿的智慧與經驗，讓人讚歎。他們深知受教者的心理和智力發展，注意到學生的個別差異，透過適當的教學方法引導學生學習的興趣，因材施教激發學生的潛能，達到良好的學習效果。這些對人性的理解、教育心理和教學方法對於現代教育工作仍具參考價值。

第五，從猶太經典教育延伸出的其他教育內容與方法，在世界各地引發學習的風潮。例如學齡前的兒童教育、猶太教育的成功祕訣、從塔木德學習經商致富等，不少這類著作已譯成華文，甚至有些本地的華文作品在坊間流行。探討猶太教育成功之道成爲近年熱門的話題。

教育是百年大計，它攸關數個世代人民的福祉。這本書幫助讀者進一步延伸探討與現代生活相關的主題，猶太教育引發我們反省自身經歷的學習經驗與教育方法，更深思考改革教育以及提升教育品質的可能性，爲後代子孫創造更多美善的生活空間。或許猶太教育給我們現代讀者最重要的啓發是，以妥拉爲核心的猶太教育幫助我們認識生命的寶貴意義。兩千多年來，猶太民族不斷經歷各種苦難，甚至遭遇滅族的危機，最終卻能化險爲夷，重現生機，甚至在世界各地開枝散葉。這堅忍的生命力來自猶太文化與世界觀的支撐，其根源是強調學習妥拉與不斷精進的教育。這滋養讓猶太民族這棵古老的生命樹繼續不斷開花與結果，分享其甜美果實給全世界。教育，就是選擇生命與分享生命！

1 有關內森・德拉金（Nathan Drazin, 1906-1976）拉比博士的生平，參考：booksnthoughts.com/rabbi-dr-nathan-and-celia-drazin/

2 有關這時期歷史與希伯來名稱的中文翻譯，參考亞丁・史坦薩茲（Adin Even-Israel Steinsaltz），《塔木德精要》，朱怡康譯（台北：啓示，二〇一五），頁三四〇—五〇；黃天相，《得著處世的智慧——猶太傳統的啓迪》（香港：天道，二〇一〇）。

3 公元二〇〇年，猶大・哈納西（Judah ha-Nasi，公元一三五—二二〇年）拉比將這些口傳律法編輯成為米示拿。米示拿的內容包括六部書：種子、節慶、女性、損壞、獻祭和潔淨，其中又分為六十一論集（tractates）和更多其他章回。此外，米示拿還提到摩西五經有六百一十三條律法（〈論鞭笞〉23b）。

4 塔木德和米大示的名詞有不同定義。塔木德的現代定義是米示拿和革馬拉（Gemara）的集成，而革馬拉的內容是由公元二〇〇年到五世紀的阿摩拉學者們（Amoraim，「詮釋者」）討論米示拿的內容集成。至於米大示意思是「研讀」，〈以斯拉記〉第七章第十節的「derosh」一詞，意思是解釋經文。米大示有兩類內容：律法（Halakah）和非律法的故事（Haggadah），正如摩西五經包括律法和非律法的內容。

5 另外，〈先賢篇〉第五章第十五節還提到一種分辨學生智力的類別：海綿（吸收一切）、漏斗（一邊進、另一邊出）、濾網（濾出美酒、留下酒糟）和篩子（留下精細麵粉、除去粗麥粒）。

前言

本研究之目的及概念陳述於引論一章開頭幾頁。F・H・斯威夫特教授（F. H. Swift）稱其論《迄於公元七〇年之古以色列教育》（*Education in Ancient Israel to 70 A.D.*）一書，是「首次以英語嘗試對古代以色列教育做一廣泛探究，而這種研究早已涉及其他古代民族的教育」，此仍為不刊之論。該作發表之後，內森・莫里斯（Nathan Morris）又做出另一有相當價值的研究，即《自遠古至公元五〇〇年的猶太學校》（*The Jewish School from the Earliest Times to the Year 500 of the Present Era*）。然而，兩位作者論述的猶太史時段過長，以至於未能窮盡無遺。

本研究限定於猶太學校已充分發展和試驗過的第二聖殿（the Second Commonwealth）和坦拿（Tannaim）時期（編註：或譯傳道時期），乃首次嘗試對猶太人的古代學校體系做出一個完整而詳盡的闡述。

筆者避免論及與上述時期猶太教育無直接關聯的問題，因此省略了如聖經的正典化、法利賽派（the Pharisees）與撒都該派（the Sadducees）的起源及類似有爭議的主題。

本研究最初作爲博士論文撰寫並於一九三七年提交予約翰霍普金斯大學（John Hopkins University）研究委員會，其後全稿已經過認眞修訂。

筆者受惠於弗洛倫斯·E·班伯格（Florence E. Bamberger）教授、

E．厄爾．富蘭克林（E. Earle Franklin）、西德尼．B．赫尼格（Sidney B. Hoenig）及塞繆爾．羅森布拉特（Samuel Rosenblatt）博士，感謝他們在本書撰寫過程中提供的建設性批評和有益的建議。筆者向他的妻子希莉亞．H．德拉金（Celia H. Drazin）表示深深的感激，感謝她始終如一的溫柔鼓勵——一位名副其實的「配偶」（help meet）。筆者也向伊妲．弗里德曼（Ida Friedman）和伊迪絲．赫爾曼（Edythe Herman）小姐表示特別感謝。

最後，筆者向巴爾的摩「祈願之門」（Shaarei Tfiloh Congregation of Baltimore）會堂的會眾表示誠摯的感謝，過去七年筆者都是該會堂的精神領導者，沒有他們出色的合作與包容，本書不可能完成。

N．D．

一九四〇年十月

I 引論

研究及其目的

時代的歷史背景

研究及其目的

儘管教育史整體上已被諸多出色的歷史學者和教育者研究過，猶太教育這一特定領域卻尚未有過系統的探究。它的特殊貢獻很大程度上被忽視了。後聖經時期尤其如此——諷刺的是，即便出於它只是見證了作爲後面我們將要看到的猶太學校制度，以及面向男童的普通初級和中等教育機構的演變原因，教育史學者也本應對這一時期最感興趣，更不用說當時其他諸多教育改革使其成爲猶太教育發展過程中的成形時期。

造成這個看似令人費解的情況的原因顯而易見。對於有意研究古代或聖經時期猶太歷史的人來說，他們有全本的舊約聖經譯本可資利用。然而，後來才出現的龐大的拉比文獻的情況就不是這樣了，而這些文獻對於古典或後聖經時期的歷史研究不可或缺。要充分理解古老的拉比學問，通曉希伯來語和亞蘭語（Aramaic）仍必不可少。因爲這一困難，能夠從事此領域研究的人並不多。此外，大多數教育者幼稚地認爲希臘和羅馬已經提供了理想的古典時代的教育理念和實踐。例如，卡伯利（Cubberley）的《教育史》（*The History of Education*）中，只有不到三頁講述猶太人的歷史、宗教和教育，而門羅（Monroe）的《教育史中的教科書》（*Text-Book in the History of Education*）中，甚至連一頁都沒有。《教育百科全書》（*Cyclopedia of Education*）[1]此鉅著中，講述全部兩千年古代猶太教育的部分，只有幾乎不到四頁！

然而，如果意識到第二聖殿建立之後數個世紀裡，猶太民族在文學、宗教和道德律法上創造性的天才，人們有理由推測應該曾經有過一個良好的教育體系才足以產生這樣的成果。同樣，猶太人的民族性得以堅持不懈地保持到今天，應當也可以追溯到猶太教育體系的某些因素，這些在後聖經時期已有清晰的體現。因此，對這一時期歷史和教育的研究，頗可預期會產生對當代教育有價值的新理念、新觀點。

本研究中，筆者計畫批判性地徹底檢視從公元前五一五年至公元二二○年間約七個半世紀的猶太教育史，這段時間涵蓋第二聖殿時期和到米示拿（Mishnah）這部對猶太民族來說，重要性僅次於聖經的偉大法律彙編編纂完成爲止的坦拿時期。之所以選擇上述時間爲界，是因爲儘管這些時期的年代學仍有爭議，但大多數現代歷史學者同意，最少在公元前五一五年耶路撒冷的第二聖殿已建造完成。同樣，採用公元二二○年是因爲所有歷史學者至少都同意，到這個日期爲止，米示拿已經由尊長猶大拉比（編註：Judah the Patriarch / Judah ha-Nasi，亦稱猶大親王、聖者拉比猶大）彙編完成，許多人進一步主張這個時候米示拿的最後編訂也已經完成。那些有言論被記載在米示拿或其他同時期律法著作中的學者被稱爲「坦拿」，即導師的意思。一般認爲第一代坦拿出現在約公元十年。因此坦拿時期包括從公元一〇年到二二〇年爲止大約兩個世紀。[2]

本研究使用的方法有三重性質：第一，探究現存的設定時期內的猶太文獻以收集與教育相關的資料，確定它們產生的時間，以便可以按歷史順序採用；第二，考查古代世界普遍的教育體系，爲的是找出猶太教育演變過程中究竟有什麼樣的外來影響；最後，考查設定時期的猶太歷史，以確定和可靠評估產生教育改革的原因。[3]

研究進行之前，還有三個方法和原則問題需要澄清。首先，凡是直接從米示拿或其他古代文獻引用作爲例證的地方，只給出最重要和最完整的文句，以避免過度重複。其次，必須解釋一下本研究中所使用的「教育」一詞。儘管本書的重點放在正式的、有目標的教育，其他在本研究涉及的時期對教育產生影響的部門或機構，也在考查範圍之內。本書既包括宗教教育也涵蓋世俗教育。最後，下面給出一個完整的研究概要。

筆者認爲把與本書有關的所有教育資料放在六個總括性的標題下比較合適：教育哲學、學校制度的演變、教育的施行、教育的內容、教學方法和原則以及女孩和女性的教育。這其中每個題目都有單獨一章論述。最後一章中，筆者將猶太教育與希臘和羅馬的教育體系做了簡要比較。筆者還總結了重要的猶太教育理念和方法，並指出其中哪些遺留在現代教育中，哪些則沒有。最後所附書目分別列出本書參考的所有原始和二手文獻。

爲了清楚展示本研究之發現和討論的重要性，這裡簡要敘述第二聖殿和坦拿時期的重大歷史事件。然而，與教育直接相關的事情則保留到後面章節。

時代的歷史背景

自耶路撒冷第一聖殿被毀（公元前五八六年）至第二聖殿建立之間經過了七十年的時間。這段時間一般稱爲「巴比倫之囚」（the Babylonian Captivity）時期。如這個名稱所示，巴比倫王尼布甲尼撒（Nebuchadnezzar）摧毀第一聖殿並將猶太人掠擄爲囚之後，大部分猶太人在巴比倫度過了這些日子。最後，巴比倫被波斯人征服，居魯士（Cyrus）允許猶太人返回故土重建聖殿。第二聖殿的建立完成於公元前五一六年。

然而，當時並非所有猶太人都返回到巴勒斯坦。事實上大部分人留在了巴比倫。回到巴勒斯坦的數萬人發現異族已定居在大片土地上，他們還聲稱擁有這些土地。[4]猶太人被允許重新佔有的土地大都是荒漠，他們需要大量的工作來恢復土壤。當時沒有足夠的土地給所有猶太人，因此一些人不得不另謀生路。由此出現了許多新行業，並產生了一批專門的匠人和手工業者。「禧年」（the Jubilee Year）的功能不再存在，[5]因此土地可以永久買賣。經年累月下來，土地便成爲少數人的財產，而大多數人不得不以務工、貿易或商業謀生。

當全體猶太人還在巴比倫哀歎失去聖殿之時，他們就開始建設會堂，在會堂裡人們可以聚而敬神並祈禱。[6]後來在巴勒斯坦的偏遠村鎮也爲難以趕赴耶路撒冷參拜聖殿的人建立了類似的會堂。由這些會堂短時間內演化出「訓誨之所」（houses of instruction），本書後面將有全面討論。

猶太人在巴比倫的文化生活中另一重要事件是習得亞蘭語。因爲希伯來語和亞蘭語同源，所以這對猶太人來說並非難事。直到希臘化興起，亞蘭語就一直是猶太人之間的通用口語。第二聖殿建成後不久，希伯來文字就發生了變革。[7]新的方體（「亞述體」）字母形式極爲簡單，因此易於掌握。後來居住在埃及的猶太人則主要使用希臘語。

第二聖殿時期開始，巴勒斯坦還是波斯的屬地。當希臘征服了波斯帝國，猶太人便不得不向這個新的世界強權稱臣納貢。亞歷山大大帝死後，巴勒斯坦或屬於埃及的托勒密王朝，或屬於敘利亞的塞琉古王朝，直到馬卡比（Maccabean）起義之時都只是一個朝貢蕃邦。這段時間裡，大祭司（the High Priest）是影響猶太人生活的所有事務的首腦。他最初由大議會成員（the Men of the Great Assembly）輔佐，後來則由被賦予裁決猶太律法疑難問題權力的智者組織「猶太公會」（編註：the Sanhedrin，或譯作猶太人議會）輔佐。公元前一六五年馬卡比起義勝利後，猶太最終成爲獨立國家，大祭司亦加冕爲王。猶太人享有國家獨立近一個世紀。公元前六三年開始，猶太被羅馬人完全支配，然而神權統治卻沒有長時間中斷地延續到公元前三七年，一位與大祭司階層沒有關係的君主即位，這時政教才正式分離，直到猶太國家滅亡。

馬卡比起義勝利之前就出現了兩個相互對立的猶太人派別：願意接受希臘文化和宗教的希臘化派（the Hellenists），以及**哈西典派**（Hasidim），他們是抵制希臘化派的虔誠猶太人，還曾援助馬卡比起義。約一個世紀之後，後一派中興起了法利賽派，可能愛色尼派（the Essenes）也興起於此，而撒都該派則在某些方面成爲希臘化派的精神繼承者。[8] 法利賽派接受先祖傳承下來的口頭律法傳統，他們把它看得跟摩西五經中所記載的書面律法一樣神聖，並極爲勤奮細緻地發展猶太律法文獻，由此成爲未來以色列的教師和宗師。因此猶太教育史與這些人的學術工作密不可分。

公元七〇年羅馬的提圖斯（Titus of Rome）摧毀耶路撒冷及聖殿之後，猶太人便流散各地。然而，仍有許多猶太人留在巴勒斯坦的小村鎮中，試圖多少保存一些他們的文明。第二聖殿時期就定居在巴比倫和埃及的猶太人此時數量大增。而定居在羅馬的猶太人甚至有更大比例的增加。

流散異國最初這幾個世紀裡，猶太民族的政治、社會和經濟狀況眞的是千差萬別。他們生存的不安定狀況因時代和居住地的不同而改變。巨大的不安常伴隨著整個流散時期。起初，猶太人還抱持著很快就能重新恢復榮耀的希望，像亞基巴（Akiba）拉比和他的門徒這樣有名望的人，都資助了公元一三二至一三五年間的巴爾·科赫巴（Bar Kokba）起義。可惜隨著起義失敗，希望也變得黯淡渺茫了。

然而，使猶太人在不幸中感到慰藉的是，在他們的故國至少還有一個表面上的國家組織被允許存在。由七十位長老組成的猶太公會仍繼續運作，但其功能已經改變。以前它是法庭，現在則基本上是個高等學術機構，只是猶太人仍會向公會尋求與私人生活相關的各種事情的權威指導。其首腦擁有「教長」（編註：Patriarch，或譯族長。）（希伯來文爲**納西**〔nasi〕

或拉班〔Rabban〕）稱號，並被帝國政府所承認。教長公署保留在巴勒斯坦長達三個世紀。

1 關於上述各書及本文中提及的其他著作，見本書末所附書目。

2 本文此處及其他各處所提及的歷史年份均為現代歷史學者普遍接受的數字。

3 筆者希望最終能以類似方式考查較早及之後時期的猶太歷史，以便完整無缺地講述從古至今的整個猶太教育史。

4 他勒目（Talmudic）中對此敘述如下：「許多被從埃及來的人征服的城市沒有被從巴比倫出來的人再次征服。」〈論節日獻祭〉（Hagigah）3b。又見 Graetz, 1, 355ff。

5 關於禧年的功能，見〈利未記〉（Leviticus）第二十五章八至二十四節。由下面所引坦拿文獻顯而易見規範禧年的律法並未實行於第二聖殿時期：「因為教導說：當流便支派、迦得支派及瑪拿西半支派流散之時，禧年便已廢止了。」見米示拿〈論估價〉（Arakhin）32b。

6 Yavetz, 111, 67ff.

7 米示拿〈論公會〉（Sanhedrin）：「最初妥拉以希伯來文字交於以色列人……後來在以斯拉的時代又以亞述文字交給他們」。又見 Graetz, 1, 395ff.，以及 Driver's *Introduction to the Old Testament*。

8 關於法利賽派的起源與興起以及其與撒都該派的對立的文獻卷帙浩繁。迄於本世紀初的完整書目可見於舒赫爾（Schürer）的著作。克勞斯納（Klausner）、赫爾福德（Herford）、蔡特林（Zeitlin）及芬克爾斯坦（Finkelstein）等學者最近開始重新討論這個題目（參見本書書目）。本文所表達之觀點與約瑟夫．克勞斯納（Joseph Klausner）博士《偉大的第二聖殿》一書中的觀點一致。

II 教育哲學

猶太教育的基本特性

教育理念與目標

良善生活

猶太教育的重要性

猶太教育的基本特性

猶太研究中可能沒有哪個詞像「猶太教育」這樣被曲解。許多教育者與歷史學者都未能抓住其眞實的意義。深受柏拉圖和亞里士多德影響的教育方式如此廣爲人知，以至於很少有人設想其他理性而相異的教育體系的存在。猶太教育通常被當成「以猶太相關知識爲內容的教育」。

然而下述引自傑出的古代猶太史家約瑟夫（Josephus）的文字，則部分揭示了猶太教育有別於其他體系的眞實特性：

事實上，絕大部分人類都遠非遵照他們自己的法律生活，以至於他們幾乎並不知曉這些法律；只有當他們犯了罪之後，才從其他人那裡得知他們已觸犯了法律。

> 我們最關心的乃是對子女的良好教育；我們把遵守賜予我們的律法，以及保持傳授給我們的那些虔誠的規則，當成一生中最重要的事務。
>
> 我們的立法者（摩西）小心地把這兩種教導方法結合起來；他既不是只進行實踐訓練而沒有言辭教導，也不允許只聽從法律規定而沒有實踐訓練。[1]

因此，猶太教育關注於對妥拉（Torah）的學習與遵守。正如約瑟夫亦曾暗示的那樣，**妥拉**一詞的最準確翻譯乃是律法，這裡它界定爲包括人生全部活動的猶太法律與傳統規範。因此，妥拉常被當作猶太教育的同義詞使用。事實上，在本書討論的古代時段所使用的希伯來語「教育」一詞爲**他勒目・妥拉**（Talmud Torah）（編註：Talmud 或譯塔木德），意爲「學習妥拉」。由此可見，猶太教育的重點並非如我們現代的體制這般放在追求知識以及獲得文化上，而是更注重操行。如果不牢記猶太宗教的本質，那麼說猶太教育完全是宗教教育也會引起誤導。畢竟甚至聖書中對智慧的強調也與踐行虔誠有關，正如聖經〈箴言〉所言：「敬畏耶和華是智慧的開端」和「敬畏耶和華是智慧的訓誨」。[2]

猶太教育絕非與人生無關的東西，也不僅僅是爲人生服務、用完即可拋棄的工具。毋寧說猶太教育就是人生的同義詞。它展開了人生，給予其方向和意義。事實上，現代希伯來語中**教育**（Hinuk）一詞來自一個兩次出現在聖經中、意爲「訓練」[2a]的詞根，從詞源上來說，意爲「獻身」或「啓蒙」，由此可以指兒童在接受猶太教育之時，就將他的生命奉獻於侍奉上帝並遵守祂的全部律法。自古以來這就是猶太教育的獨特本質，而在第二聖殿和坦拿時期更是如此。

因此，猶太教育本質上是人格教育。摩西五經（The Pentateuch）——全部猶太教育的根源——不是作為文學，而是作為為兒童提供了完整道德與宗教生活大綱的律法文本被研習。約瑟夫認為摩西說過：「讓兒童也學習律法，作為他們受教的第一件事，這將是教給他們最好的東西，並將為他們帶來未來的幸福。」[3]當時可以讀到的諸先知書（The Prophets）與聖卷（The Hagiographa），強調了猶太人過去未盡的諸多義務。學習這些篇章用以告誡和勸勉兒童敬畏上帝——萬物的創造者與支配者——並嚴格遵從祂透過祂的僕人摩西傳給以色列人的全部教誨。這些篇章中頻繁講述的歷史故事，僅僅是為了道德教訓的意義而被教授。「先輩之所為即子孫之榜樣。」[4]斐羅（Philo）關於聖經的著作即是這種情況的極端例子。

孩子長大一些後，就開始學習各種不同律法的繁多細節，其中大部分被認為是與成文律法同時口頭傳授給摩西的。由這些細述，他們以後就可以成人的思維引伸出用以指導應對生活中出現的新情勢的特定原則。由這些原則，再透過類比或其他更高階學校（後面將有討論）中教授並實踐的推理方法，就能可靠而合乎邏輯地歸納出解決所有不同尋常的操行問題的合適辦法。

這些因素也促成猶太人之間成人教育的普及。成年人不僅被告誡要時常檢視之前所學以免遺忘或犯錯，他們也會因意識到並未充分掌握妥拉的知識而自發地學習。猶太教育就像人生本身那般無限、那般複雜、那般微妙。「其量，比地長，比海寬。」[5]它在廣度和深度的無限性引起追隨者的極大景仰，這點由下面所引述的第二聖殿時期一位智者的表述可見一斑：「時時翻閱（妥拉），因萬事皆在其中；冥思皓首於其上而勿偏離之，此乃至善之法也。」[6]

關於前面提到的教育等級，一位名爲猶大．本．提瑪（Judah ben

Tema）的晚期坦拿智者對此提出了清晰的闡述。他分配五歲、十歲、十五歲的兒童分別學習米刻拉（Mikra，編註：採音譯。解作聖經，或聖經的閱讀和研習）、米示拿以及革馬拉（Gemara，編註：希伯來文借亞蘭語指「學習」）或他勒目。[7] 這三個階段正好對應我們現代初級、中等以及高等教育的劃分。然而不應忽視這點：從一個階段向另一個階段的轉變並非是突然的。這三個階段實際是學習妥拉的一個漸進而連續的發展過程。

世俗知識並不是分門別類地教給孩子，而是與律法的教育相關聯。例如，由現存的米示拿著作可知，在學習可食與禁食食物的律法時，一個人可以直接和間接地學到植物學、動物學、生理學、解剖學、衛生學以及醫學等諸多方面的知識。而要理解猶太曆法，孩子則須熟知某些天文學原理。同樣，在學習規定安息日可以步行的距離的律法時，學生也會學到某些代數和幾何知識。聖經敘事部分則教給孩子某些歷史與地理知識。妥拉學習就這樣完全地與生活整合在一起。

專門的職業和行業訓練透過學徒制的方式獲得。大多數孩子沿襲父輩的行業或職業。通常會按照猶太律法的要求對這些技藝或手藝做出規定。例如，農夫須遵守的諸多律法涉及到如何用不同種類的種子播種、什一稅及其他奉獻、休年以及其他類似的事情。木匠和其他工匠爲誠實履行合同或切實完成一天的工作，須知曉所用工具和材料的尺寸、分量、不同質地及各自的名稱。當習得職業技能並完成正規的學校教育後，年輕人的人生便就緒，準備好踏入社會。就其本質而言，這套教育過程成就了這一結果。

教育理念與目標

第二聖殿建造之前七十年，猶太民族目睹了他們自己的王國被強大的巴比倫帝國毀滅。巴比倫之囚期間，他們見證了征服者享有的財富和權力的巨大榮耀。他們看到的巴比倫是一個安定而強大的世界帝國。然而僅過了一個世代，世界就在新的動盪中顫抖。巴比倫被另一更強大的民族推翻，把他們無情地打倒在地。居魯士——波斯帝國的創建者——允許猶太人重返故土。這時他們才留心到先知所言——他宣稱他們的國家弱小，其生存不能倚賴於城防，「萬軍之耶和華說，不是倚靠勢力，不是倚靠才能，而是倚靠我的靈，方能成事。」[8]這些話被解釋爲猶太國家的存在必須建立在屬靈的基礎之上。由此接下來就有了全部傳統習俗和律法的復興，這在以斯拉（Ezra）和尼希米（Nehemiah）來到巴勒斯坦之後變得更爲明確。

這一屬靈的再度覺醒帶來了相應的教育理念。

這種理念可被稱爲猶太教育的國族主義理念。「國族主義理念」一詞的含義與十九世紀教育的「國家理念」不同，後者的目的是透過一套統一的世俗教育體系以維繫民族國家。第二聖殿時期的「國族主義理念」的目的，則是使宗教教育成爲猶太民族的目標。〈申命記〉中就已表達了這一理念，裡面以色列人被告誡要遵守全部誡條，理由如下：「這就是你們在萬民眼前的智慧、聰明，他們聽見這一切律例，必說：這大國的人眞是有智慧、有聰明。」[9]這一理念在較早的聖經敘述中也有暗示：「你們要歸我作祭司的國度，爲聖潔的國民。」[10]

每當猶太歷史上面臨巨大緊迫和紛爭的時期，人們就試圖詮釋和實現這一烏托邦式的夢想。他們覺得完全回歸到先祖的全部律法和習俗、加強和普及其教育，不僅能確保民族生存，更給予猶太國族超越天下萬邦獨一無二的地位。

希臘化時代早期就是這種情況。當時大議會實施法令：「務多興後學。」[11]馬卡比時期盛行的派系紛爭爲西蒙・本・西塔（Simon ben Shetah）的貢獻鋪就道路。羅馬時代的壓迫與不安催生了約書亞・本・迦瑪拉（Joshua ben Gamala）和約哈難・本・撒該（Johanan ben Zakkai）的貢獻。同樣，巴爾・科赫巴起義失敗使得接下來的世代興起了米示拿的編纂。如當時智者所言，「賜予猶太人的一切好東西都被從他們身邊拿走了，若非妥拉經卷還留給他們，他們便與世上各國無異。」[12]考慮到以色列人的特別天賦，無論是妥拉還是猶太教育都得到了小心翼翼的保存和提升。

與教育的國族主義理念並行的是宗教動因。因爲猶太教育的本質和內容，後面這一理念事實上在整個古代猶太史都超越了其他各種理念。摩西五經中就常反覆提到這點。據信所羅門王曾說：「敬畏耶和華是知識的開端。」[13]它也以各種不同形式大量存在於龐大的坦拿文獻中。

對這種宗教虔誠的理念進行分析，便可發現它是由兩個層面複合而成：對律法的充分了解和在實踐中對它的嚴格遵守。從某些坦拿智者看上去互相矛盾的觀點，可以看出這兩個層面都被高度重視：「行乃要務，非知也」、「知爲大，知以致行」。[14]理想上這兩個層面應當和諧交融，然而積極、自願地接受律法在先，而後對它的完整了解則表現出謙信於上帝的無窮智慧。在他們看來，只有透過這種方式獲得的教育才是持久、鄭重而嚴肅的，才值得上天嘉賞。「所爲多於智慧的人像什麼？像枝疏而根密的樹，這樣即使世界上全部的風來吹它，也不會動搖其位置。」[15]

猶太宗教更是賦予教育以神聖性和重要性。拉比們把聖經中「也要教訓你們的兒女」這句話解釋爲：每個成年男性都有義務學習妥拉並將其教授給他的兒子。[16]儘管理論上也可以早晚誦讀某段聖經經文的方式履行這一義務，[17]實踐中卻並非如此。要遵守其信仰的全部律法，猶太人必須接受高等教育。希列（Hillel）講得貼切：「愚笨之人不憚於罪孽，無知者亦不能虔誠。」[18]而且，一個人越投入於學習妥拉，他在此生和來世所享受的快樂就越大。恰如一位智者所言，「若汝盡心於律法，神必厚報之。」[19]道德上每個人也有義務最大程度地利用他所被賦予的才幹和能力。「若汝勤研律法，勿自稱之，唯此汝生之義也。」[20]

這些國族主義和宗教的教育理念促生了第三個目標，即讓猶太教育普及化。下一章將闡述人們如何嘗試實現這一理念。儘管早期某些人已經懷有這樣的願望，如以賽亞（Isaiah）所稱：「你的兒女都要受耶和華的教訓」[21]，但直到第二聖殿時代末期，它才成爲所有猶太領袖的普遍想法。以色列的領袖們不再想要像早期猶太歷史中那樣，把妥拉的全部知識局限在祭司和先知這樣選定的少數人。事實上，這時普遍的期望是每個猶太人都可以成爲守護妥拉的祭司。現在可以深深感到，擁有這種理想主義的進取精神也會實現和完成前面的理念。這樣的結果也必會取悅於上帝並由此確保國家昌盛。

強調一個人有義務把他自己所學的教導給他人的理念，極大地幫助了達成普及教育這個目標。坦拿智者的作品中明確闡述了這一義務。例如，梅厄（Meir）拉比說：「『他藐視耶和華的言語』這句話指的是學習妥拉而不去傳授它的人。」[22]亞基巴拉比同樣教導說，如果一個人年輕時培養了許多學生，那麼他年老之後也要繼續這麼做。[23]智者們更進一步認爲學生在聖經中被稱爲兒女，而老師則被稱爲他們的父親。因此他們把聖經中的規誡「也要殷勤教訓你的兒女」，解釋爲教師有義務善盡職守的意思。[24]一個例證是老師被要求把課文教給學生，直到孩子了解並能流利地複述爲止。[25]反過來，老師比父母還要受到尊崇，因爲後者只是把孩子帶到這個世界，而前者把他的學生帶到此世與來世的祝福。[26] 這份榮譽並非白白得來，因爲教師不被允許爲了教授妥拉而接受任何報酬。他們被要求仿效摩西，欣然地教育所有以色列人的子女而不計物質回報。[27]

儘管所有先賢和坦拿智者都期望普及化青年的基礎教育，但我們發現關於高等教育的觀點卻相互衝突。[28] 煞買（Shammai）學派認爲高等教育應僅限定於那些睿智、謙遜、富有和擁有良好家世的人。他們大概認爲這些人會組成一個精英集團來完整延續全部傳統。這些人最終會成爲猶太人眞正的領袖，而人們會願意接受他們的統治。充分相信妥拉的教育和治癒作用的希列學派則持相反意見，他們希望向所有人提供高等教育。在下一章我們將看到這一爭議最終是如何解決的。

有人把坦拿時期的另一教育理念表述如下：「把學習律法與某種世俗工作相結合的做法很好，因爲這兩者的勞苦都可使人心無罪念。但不從事某種勞動的話，所有律法的學習最終都會前功盡棄，其結果是帶來罪孽。」[29]第二聖殿時期的精神領袖主要是祭司（Kohanim），他們的生計由於聖經中的各種規定而得到充分保障。因此，絕非偶然地，第一聖殿末期妥拉經卷都是存放在聖殿之中，又或者以斯拉和大部分第二聖殿時期的智者也都是祭司。「祭司的嘴裡當存知識，人也當由他口中尋求律法，因為他是萬軍之耶和華的使者。」[30]這些祭司通常鄙視和不屑於所有世俗工作。他們認為體力勞動必會干擾思考而使人不能聚精會神於學習，也就沒有可能獲得智慧。說明他們的觀點的一個良好實例保存在耶穌·便·西拉（Jesus ben Sira）的著作裡，而他傳統上就是一名祭司。[31]這一看法是受到希臘哲學家的影響，還是相反？此事非常難以確定。然而，當聖殿被毀之後，祭司的許多特權便終止了。這樣許多坦拿智者這時也不屬於祭司家族。這些學者何以為生？他們的理念就跟便·西拉和希臘哲學家們完全相反了。他們不再蔑視體力勞動。正相反，他們教導說：「要熱愛勞動，憎惡權貴，不與統治者結交。」[32]有趣的是，這些話最早是由示瑪雅（Shemaiah）於第二聖殿被毀前約一個世紀時說出來的，而他例外地並非一名祭司。猶太律法禁止以教學爲生，因此這種行業不可接受。拉比們一般認爲所有用以維持生存的誠實工作都是高尚而光榮的。而且自給自足可以使人完全獨立，不受影響地對有關猶太律法的問題做出判斷。因此，我們從記載中發現許多坦拿智者其實從事著當時流行的各種不同行業、手藝和技能。[33]在「教育的施行」一章中列出了這一規律的少數例外。

然而，必須指出一個例外。這個例外屬於理論範疇。少數坦拿智者仍然持有相反的理念：「人若將律法的軛加於自身，則須將王國的軛及世俗事務的軛從他身上移除。」[34]實際上，他勒目中只記載了西蒙·本·約亥（Simon ben Yohai）拉比的名字，他成功地實踐了這一理念，以一種奇蹟般的方式維持生計。[35]

然而，絕大部分坦拿智者實際上所實踐的理念，是從事僅夠勉強維生的某種手工業，用剩餘的時間來學習和傳授妥拉。梅厄拉比言簡意賅地表示：「不要過度從事商務，而要專注於律法。」[36]事實上，拉比們也規定每個父親都有義務教給他的兒子一門討生活的技能——最好是潔淨而安逸的那種。亞基巴拉比也要求父親教會兒子如何游泳，這樣他在遭遇滅頂之災時才得以保命。[37]

還有一個問題需要討論。這裡所考查的時代中，我們沒有發現為了其本身的目的而理想化的教育。某些希臘哲學家持有這種觀點。他們教導說，抽象的智力思索產生最偉大的快樂，是自由人的特權和標誌，人們應當僅僅因為這個原因而去享受它。一些現代教育者在談到自由主義教育時仍持有類似看法。然而，猶太教育的基本特性使得猶太智者們絕對無法接受這種理論。把妥拉的教義付諸實踐，是對其宗教目的的歪曲。因此，**爲妥拉而妥拉**（Torah lishmah）[38]一詞在坦拿文獻中有著不同的含義。它指的是不允許把「王冠一般的妥拉」用於世俗。甚至以謀求智者、拉比或長老這樣的頭銜或其他榮譽爲目的的學習，也是備受非議的。[39]人應當專注於「爲妥拉而妥拉」，也就是爲了充分熟悉妥拉的全部神聖教義，以便於越來越多地履行律法要求的道德與宗教責任，而不是爲了獲得物質利益。「爲教授（妥拉）而學，則獲得了學和教的方法；但爲踐行（妥拉）而學，則不僅獲得學和教的方法，還獲得了遵守和踐行的方法。」「智慧多於所爲之人像什麼？像枝密而根疏的樹，風來則把它連根拔起，吹倒在地。」[39a]同樣，教育不是被理想化爲閒暇活動。相反，爲了在要求的學習妥拉的過程中取得可觀的進步，大量的閒暇是必要的。

因此，不妨總結說，民族主義和宗教理念、猶太教育的普及以及妥拉與世俗工作的結合，是第二聖殿和坦拿時期指導和塑造猶太教育實踐的四個基本理念。如果分析這些時期文獻中所見的其他教育目標，會發現它們都是上述理念的零散闡釋和發揮。

良善生活

前面我們檢視了猶太教育的基本特性，以及激勵和指導它的各種理念，也由此看到了對嚴格遵守律法的特別強調，現在輪到展示妥拉所旨在確立的理想的良善生活了。然而這裡僅僅試著描述出它的輪廓。

妥拉的規範可以分為兩類：關於人對上帝的責任的規範，以及人與人之間關係的規範。前者之中最首要的責任是信仰只有唯一的神，祂是萬物的主。「人必先承天國之軛，而後乃承戒律之軛。」[40]一般認為，第二聖殿時期猶太人之間已經普遍盛行純粹的一神教概念。這個時期一開始，我們就看到先知熟悉的激盪人心的話：「我們豈不都是一位父麼？豈不是一位神所造的麼？我們各人怎麼以詭詐待弟兄，背棄了神與我們列祖所立的約呢？」[41]這麼早時候的先賢和坦拿智者相信上帝本質這一概念已經由摩西完全揭示出來了。[42]在接受這種一神教信仰，時猶太人被要求熱愛上帝，敬畏祂，效仿祂高尚、仁慈的特質，這些都是透過祂的先知而使人知曉。[43]首先人要謙卑，不輕易動怒。[44]嫉妒、淫欲以及貪求名望都是可鄙視的，必須徹底拋棄這些特性。另一方面，人也要防止自己變成禁欲主義者，不要禁止自己享受實際上被妥拉所允許的快樂。[45]

他勒目記載長老希列（Hillel the Elder）曾說，「己所不欲，勿施於人。」這一「黃金律」（Golden Rule）乃是對整部妥拉的概括，其他全部都只是註解。[46]由此他暗示眞弟兄的準則（the principle of true brotherhood）是對所有神聖戒律和規則的概括。然而，因爲妥拉中許多律法只規定了人對主的責任，就自然產生了希列的黃金律如何涵蓋這些教條的問題。答案涉及另一條坦拿智者的準則：「所有猶太人相互之間都是擔保人」。[47]如果一個猶太人違約或犯罪，所有猶太人都要被追究責任。因此，沒有猶太人能觸犯任何妥拉律法而同時不違背這條兄弟準則的。

因此，猶太人的道德並不局限於人與人之間要求絕對誠實、正直及仁愛的範疇，他們關心人類的所有行爲——甚至是最具私人性質的部分。[48]人的所有行爲都要取悅於上帝，在祂眼中萬物無可遁形。因爲健康的身體對侍奉上帝最爲有用，一個人就有義務保持健康。因此我們可以在坦拿文獻中找到許多衛生和保健處方。純粹以運動本身爲目的的體育活動則是被鄙棄和阻止的。簡言之，人從事任何活動——無論工作、交談，抑或思考——都必須記得上帝的存在並受祂的旨意指引。這就是猶太道德的基本準則。關於這項原則，拉比們教導說，人應當是整個世界保持平衡的反映，人們要細緻地用功德平衡他們的罪過。任何所爲，人世的天平都將依著功過秤量其善惡。「行這世上的善行超過惡行的人有福而快樂，行相反的人則有禍了！」[49]這種形象化的描述被認爲有助於促進良善的操守。

然而，假如一個人無意中犯了罪，則當做出懺悔，有時還要奉獻祭品到耶路撒冷的聖殿。當聖殿被毀，所有祭獻終止之後，則規定以禱告代替。通常建議一個人每隔一段時間就要認眞反省其過去的所爲，如有任何不義之處，則要懺悔並祈求寬恕。懺悔包含兩個重要部分：深切反悔過去的惡行，以及下定決心在將來改過。假如是對同伴犯的罪，除非謙遜地求得本人的原諒，否則其罪過永不得赦免。[50]

這裡還要進一步關注那些強制要頻繁履行的宗教義務。通常早在孩子十三歲成年（所謂「成年禮」〔Bar Mitzvah〕）之前，就要讓他們初步了解這些活動。一天之內早上、午後、傍晚三次誦讀禱告詞。飯前和飯後做特別的禱告，向上帝賜予各種食物表達謝意。就餐前後要洗手。每天早上起床時，以及處理好生理需求之後也都要洗手。晨禱時要佩戴**經匣**（tefillin）、披飾有**繸子**（zizit）的**禱告巾**（tallit），這些用來使人銘記上帝的合一性以及遵守祂的戒律的神聖義務。[51] **梅祖札**（編註：mezuzah，即門柱聖卷）[52]也是用作類似的目的。每日的禱告最好在會堂中進行，規定人數爲十人。一週的儀式中，摩西五經的部分經文要誦讀四次，安息日兩次，每週一和週四早上各一次。[53]要記住大量禱詞並在各種特別場合誦讀。要絲毫不差地嚴格遵守安息日和所有節日。米示拿第二卷**〈節日篇〉**（Moed）中描述了幾乎所有這些細節。此外，一個人還要在早晚自行安排固定時間，並抓緊其他一切機會學習妥拉。同樣，對陌生人和窮人的好客和關愛也是不受時間限制的宗教義務。

從上面對每個猶太人要履行的部分常規義務的簡短概述，可以看到猶太教如何賦予生活以神聖性。透過每日禱告和各種禱詞，一個人持續不斷地與上帝溝通。因此，良善生活就是虔誠的生活。然而它並不排斥世俗事務和快樂——如果這些事情在道德和倫理上適當的話。總的來說，猶太道德是高度實用的。這也許就是其受到歡迎的原因，因爲大眾極爲敬重他們的智者和大師，尊崇他們智慧的道德教訓和虔誠。這種熱愛也擴大到猶太教育，可以看到人們對這一領域有著無可比擬的尊重。

猶太教育的重要性

對第二聖殿和坦拿時期教育理念的檢視，揭示了當時在教育和理想的良善生活之間存在的緊密關係。在這些時代中，我們看到對作爲其教育哲學一部分的猶太教育的高度重視，這種態度還有待討論。現存的這些時代的著作中，有著大量體現這種評價的表述，其數量之多足以寫成一部鉅著。這裡選擇一部分引用出來供爲參考。

教育一直以來都是猶太民族的驕傲和珍視的理念。用公元前三世紀義人西蒙（Simon the Just）的話來說，妥拉是建構整個世界所倚賴的三柱之首。[54]他們認爲，從邏輯上來說，必須先有了知識，然後才能良好引導實踐活動，因此他們認爲教育具有如此重要意義就是非常自然的事情了。所有教育之中，對兒童和青年的教育則被認爲是最重要的。

〈詩篇〉在當時得到深入研究並被用於聖殿儀式和會堂禱告，它相當意味深長地表述了這一理念：「我們的兒子從幼年好像樹栽子長大。」[55]我們非常明白這裡的含義。就好像農人必須特別用心照看他們的幼苗，這樣才能確保它們長成健康的結滿果實的大樹，同樣，他們認為如果用心於合理教育青年兒童，父母或教師就有理由期待孩子長成優秀而虔誠的猶太人，「取悅於神和人」。青年被認為是人生的重要養成期，這個時期塑造並引導未來的性格。當時的猶太教育者最看重這一理念，他們一致期望普及基礎教育。他們完全理解並欣賞聖經中「教養孩童，使他走當行的道，就是到老他也不偏離」[56]這句話的心理學內涵。事實上，拉比們也宣講他們自己類似的箴言。「人少年時學習妥拉，妥拉的言詞就滲入到他血液中，並且能明確無誤地從他口中講出來。」[57]忽視青年的教育則被認為是無可挽回的損失。「少年人學習像什麼？像白紙上的墨。老年人學習像什麼？

像寫滿字的紙上的墨。」[58]事實上，如果一個城市裡的兒童沒有老師，則學者不被允許住在那裡。[59]

當時對猶太教育的重視，也由晚於義人西蒙約兩代的洗利達人約以謝．本．約澤（Jose ben Joezer of Zeredah）的話得到印證：「讓你的房子成爲智者們的會堂，坐在他們腳下的地上，渴求他們的言談。」又一代人之後的約書亞．本．佩拉希亞（Joshua ben Perahyah）教導說：「要尋師覓友。」[60]這後一句話的意思是，人絕不能中斷教育，要總是藉著有學問的師友的幫助來努力增長知識。

由他勒目中講到的一件事，可以看到大眾對教育以及受過教育的人的高度尊重。習俗上，當大祭司在贖罪日那天全然無恙地從至聖所中走出之時，所有人都要歡呼著簇擁他返家。大約公元前一世紀中期，有一次當人們向大祭司致以這樣的歡呼之時，示瑪雅和亞伯泰利翁（Abtalion）這兩位智者正好路過。之前聚在那邊的人就立刻離開大祭司，跟隨著這兩位智者而去，讓前者極爲困窘。[61] 一位猶太發言人的話證明了一些人對妥拉的極高尊崇：「我們的律法是依照上帝的旨意制定的……沒有人能改動其內容！也不可能制定出比它更好的律法！也找不出有其他民族的法律能超過它！」[62]

妥拉的學習被看得如此重要，以至於拉比們堅持認爲，即使貧窮也不是忽視學習妥拉的藉口。這方面希列被看作是一個光輝榜樣。他以每日伐木爲生，收入的一半用於維持自己和家人的基本生活，另一半則用來購買進入示瑪雅和亞伯泰利翁學院的門票。據說，有一年冬天，他沒找到工作，也就沒錢去學校上學。於是他爬上屋頂，透過天窗聆聽老師講課。當他最終被發現的時候，身上已經積了好幾尺厚的雪。無論家財萬貫還是聲色犬馬，都不能成爲忽視妥拉的藉口。[63]

對猶太人來說，教育被看作是非常重要和神聖的事情。因此與希臘和羅馬人不同，猶太人不會把對青年的教育委派給奴隸來做。儘管一些希臘和羅馬奴隸人品和學識俱佳，猶太人也不願把孩子的未來交給他們。猶太人從不向奴隸傳授妥拉，也絕不讓他們當老師。[64]迦瑪列（Gamaliel）拉班的奴隸塔比（Tabi）據說是一名有學問的學者，[65]但他也不能例外於上述規則。他是透過長期服侍主人才間接獲得了關於律法的知識。教學被視為神聖的工作，聖經有言：「那使多人歸義的，必發光如星，直到永永遠遠」，這句話被解釋為指的是上天會給予孩童的老師無窮嘉賞。[66]

無論生活中地位如何卑微，知識精英階層的每個人都受到尊重和特別對待。例如，拉比們教導說：「精通律法的私生子優先於對律法一無所知的大祭司。」同樣，如果一名學者和以色列的王被抓為俘虜，規定學者要先被贖回，因為假如他被處死則無人能代替他，而假如以色列王遭此厄運，則所有猶太人都有資格爲王。[67]這就是給予教授妥拉的人的尊重與榮譽。另一項規定也說明了教育的重要性：若智者的門徒專心於律法學習，則可允許其違背妻子意願離家三十日。[68]鑑於拉比們一向期望保持「家中和諧」，這則規定就顯得非常不一般了。

此外，妥拉也被認爲是「心的愉悅」。因此規定弔唁的人在不得進行各種娛樂而應專事哀悼的頭七天中，也不可縱情於妥拉的學習。然而假如某人的工作——例如，學院的講師——爲大眾所需，則可以例外。[69]早期坦拿著作中也記載說，當某日猶太人不再被帝國政府禁止學習妥拉時，歡樂的浪潮席捲而來，那一天被宣布爲每年的節日，在該節日期間不許弔唁。[70]

而且，據說妥拉是爲神所喜悅的。無論兩個人在哪裡坐下來討論律法的詞句，神都會臨在他們之間。[71]妥拉可以保護學習它的人免受各種邪惡侵擾。[72]梅厄拉比認爲專心學習律法的異教徒，在上帝面前甚至與大祭司的地位也是平等的。[73]據說，研習律法的長老可以不受衰老的影響，因爲他們越老，其認知越不易動搖。[74]事實上拉比們教導說，聖經中「這便醫治你的肚臍，滋潤你的百骨」這句話，指的就是所謂的妥拉的超自然療癒特性。[75]

另外，有趣的是，注意到人們如何透過各種親切的稱號表達出對妥拉的熱愛。妥拉被比作水，沒有它人就無法存活。它也被稱爲「生命之樹」。基於〈詩篇〉中的表述，「我喜愛你的話，好像人得了許多擄物」，它甚至被叫作「大擄物」。它還被比作太陽，始終將光與溫暖灑向世界。事實上，拉比們認爲可以把妥拉比喻爲生活中所有美好事物的總和，因爲〈申命記〉裡「缺乏之中」這句，實際上指的就是缺乏對律法的學習。[76]希臘和羅馬時期每隔一段時間，就有許多猶太人心甘情願地爲學習妥拉而英勇犧牲。猶太人頑強固守著亞基巴拉比在著名的魚與狐狸寓言中的教訓。[77]

對於魚來說，如果依著狐狸的勸告離開水，則必定意味著死亡。如果依著本能的指引待在水裡，則最終有可能擺脫敵人。這就是猶太人的命運。如果他們放棄學習妥拉，就將失去自我，必定滅亡。如果不服從於羅馬，就將面臨極刑、虐待和死亡。與精神的死亡不同，這種傷害並不必然發生，或許還有逃脫的機會。因此，選擇妥拉是大多數猶太人認定的更爲明智的道路。猶太教育證明是對猶太民族的救贖。

---

1 約瑟夫《駁阿皮翁》（*Against Apion*）第一卷第十二節；第二卷第十九節。（譯註：按通行「洛布古典叢書」（Loeb Classical Library）版《駁阿皮翁》，本書所引第一段出自第二卷第十八節，第二段出自第一卷第十二節，第三段出自第二卷第十七節。）

2 〈箴言〉（Proverbs）第九章第十節；第十五章第三十三節。（編註：本書聖經中譯均引自和合本聖經；聖經、米示拿等經典文獻均不加上書名號。）

2a 〈創世記〉（Genesis）第十四章第十四節：「就率領他家生養的精練壯丁」；〈箴言〉第二十二章第六節：「教養孩童，使他走當行的道」。

3 《猶太古史》（*Antiquities of the Jews*）第四卷第八章第十二節。

4 儘管這個表述是後來才杜撰的（例如參見大米大示〈創世記〉〔Midrash Rabba, Genesis〕第六十八節），但對熟知坦拿教誨的人來說，它講述的主旨無疑在很多個世代之前就已被知悉並恪守。
5 〈約伯記〉（Job）第十一章第九節。
6 米示拿〈先賢篇〉（編註：Aboth 或譯父長篇）第五章第二十二節。
7 同上，第五章第二十一節。這些詞語在本書第五章「教育的內容」有完整定義。
8 〈撒迦利亞書〉（Zechariah）第四章第六節。
9 〈申命記〉（Deuteronomy）第四章第六節。
10 〈出埃及記〉（Exodus）第十九章第六節。
11 〈先賢篇〉第一章第一節。本段中提到的各種教育貢獻在下一章中有討論。
12 〈利未記註釋〉（Sifra on Leviticus）第二十六章第四十四節。
13 〈箴言〉第一章第七節。
14 〈先賢篇〉第一章第十七節；米示拿〈論聖化〉（Kiddushin）40b。
15 〈先賢篇〉第三章第十七節。
16 〈申命記〉第十一章第十九節；〈論聖化〉29a, b。
17 米示拿〈論素祭〉（Menahoth）99b，約哈難拉比根據西蒙．本．約亥拉比的話說，即使一個人只在早晚誦讀以「（以色列阿，）你要聽」開頭的祈禱辭，他也已完成了「（律法）必不離（你的口）」的誡令。
18 〈先賢篇〉第二章第五節。
19 同上，第四章第十節。又見米示拿〈論田角〉（Peah）第一章第一節：「這些善行，人在今世吃它們的果實，而主幹則留給他到來世享用……而學習妥拉相當於它們全部。」
20 〈先賢篇〉第二章第八節。
21 〈以賽亞書〉第五十四章第十三節。
22 〈論公會〉99a。所引用的聖經詞句出自〈民數記〉（Numbers）第十五章第三十一節。
23 坦戶瑪（Tanhuma）註釋「撒拉亨壽」第六節。
24 〈申命記註釋〉（Sifri on Deuteronomy）第六章第七節，「『教訓你的兒女』，即你的學生」。

25 〈出埃及記正解〉（Mekilta, Exodus）第二十一章第一節：「根據亞基巴拉比（對〈申命記〉三十一章）的註釋……『我曾花費一年、又四個月、再三個月的時間，去培育他們，直到他們學會如何教導以色列的孩童。』」

26 米示拿〈論中間之門〉（Baba Metzia）第二章第十一節。〈申命記註釋〉第六章第五節。

27 米示拿〈論頭生〉（Bekhoroth）29a。「《坦雅》（Tanya）中提到，『在我的上主悅納我時，我就別無所求。』」

28 《納森拉比先賢篇》第三章末。「一邊的智者（煞買派）說，『要找有智慧、富有又謙卑人家的兒子進來』；另一邊（希列派）的人則說，『讓每個人都進來，使以色列從充滿罪行，轉向符合公義。』」

29 〈先賢篇〉第二章第二節。

30 〈瑪拉基書〉（Malachi）第二章第七節。

31 〈便西拉智訓〉（Ecclesiasticus）第三十八章，從第二十四節到章末。關於在「便．西拉是否為祭司」問題上的矛盾觀點，見《猶太百科》（*Jewish Encyclopedia*）中，猶大獅子．本．薩伯（Judah Leib ben Zabe）就其所譯〈便西拉智訓〉希伯來文譯本進行編寫的「西拉」條和〈導言〉。作者則認為便．西拉對於手工藝的觀點，充分顯示他應是出自祭司家庭。

32 〈先賢篇〉第一章第十節。

33 關於這個主題，在希伯來文書籍中，李奧波．格林華德拉比（Leopold Greenwald）的著作《拉比們的經濟情況》是較為翔實的作品。它屬於《巴比倫與耶路撒冷他勒目》這套大型叢書的其中一冊。

34 〈先賢篇〉第三章第五節。另見米示拿中的〈論聖化〉。

35 米示拿〈論祝福〉（Berakoth）35b。米示拿〈論安息日〉（Sabbath）33b。

36 〈先賢篇〉第四章第十節。

37 〈論聖化〉卷末。〈出埃及記正解〉第十三章第十三節。

38 〈先賢篇〉第八章第一節。

39 米示拿〈論許願〉（Nedarim）62a。「人們不該這樣想：『我去讀書，是為了有朝一日讓別人尊稱我拉比。』」

39a 〈先賢篇〉第四章第五節；第三章第十八節。

40 〈論祝福〉第二章第二節。
41 〈瑪拉基書〉第二章第十節。
42 這個觀點可以在約瑟夫《駁阿皮翁》第二冊第十七段中，找到饒富趣味的簡短陳述。另見斐羅的作品，尤其是〈論十誡〉（On the Decalogue）。
43 〈論安息日〉133b。〈出埃及記正解〉第十五章第二節。
44 米示拿〈論離婚訴狀〉（Gittin）36b。
45 米示拿〈論齋戒〉（Taanith）11a。
46 〈論安息日〉31a。
47 米示拿〈論疑妻行淫〉（Sotah）37b。
48 例如〈論祝福〉62a 和〈論經期不潔〉（Niddah）13a。
49 〈論聖化〉40b。
50 米示拿〈贖罪日〉（Yoma）第八章第九節。
51 〈民數記註釋〉（Sifri of Numbers）第十五章第三十九節。
52 在任何一本猶太習俗和儀典的相關著作中，都可以看到這些篇章的內容。
53 米示拿〈論第一道門〉（Baba Kama）82a。
54 〈先賢篇〉第一章第二節。這位西蒙的確切身分仍有爭議。見李奧波．格林華德拉比的希伯來文著作《大祭司的歷史》（*The History of the High Priests*）。
55 〈詩篇〉第一百四十四篇第十二節。
56 〈箴言〉第二十二章第六節。
57 〈納森拉比先賢篇〉（Aboth of Rabbi Nathan）第二十四章。
58 〈先賢篇〉第四章第二十節。
59 〈論公會〉17b。「如果一座城市裡沒有以下這十樣東西，就不允許經學（妥拉）教師住在那裡……還有，一位教育兒童的老師。」
60 〈先賢篇〉第一章第四節和第六節。相關解釋見〈論節日獻祭〉第一章第七節。
61 〈贖罪日〉71b。

62 約瑟夫《駁阿皮翁》卷二第二十二節。

63 〈贖罪日〉35b。

64 米示拿〈論婚書〉（Ketuboth）28a。

65 米示拿〈論住棚節〉（Sukkah）第二章第一節。

66 〈但以理書〉第十二章第三節；〈論最後一道門〉（Baba Batra）8b。

67 米示拿〈論訓誡〉（Horayoth）13a。

68 〈論婚書〉第五章第六節。

69 米示拿〈論節期中的日子〉（Moed Katan）21a。

70 禁食經卷（Megillat Taanit）第十二章。這次事件的歷史背景，見蔡特林所著《禁食經卷與猶太歷史》（*Megillat Taanit and Jewish History*），頁七九－八〇。

71 〈先賢篇〉第三章第二節。

72 〈論聖化〉末卷。

73 〈論公會〉59a。

74 米示拿〈論獻鳥為燔祭〉（Kinnim）第三章第六節。

75 〈箴言〉第三章第八節；〈出埃及記正解〉第十五章第二十六節。

76 〈出埃及記正解〉第十七章第八節；第十五章第二十五節；第二十章第十五節；第十九章第一節；〈論疑妻行淫〉21a。

77 〈論祝福〉61b。

III 學校制度的演變

教育演化時期的劃分

學校制度的發展

高等學院的發展

教育演化時期的劃分

我們討論的歷史時段分為第二聖殿和坦拿時期。這一分期對探查當時教育發展的詳情來說過於寬泛。首先，有六十年的重疊。第二聖殿時期終結於公元七〇年，而坦拿時期一般從公元一〇年希列和煞買的門徒算起。而且，第二聖殿這個時段對於細緻的歷史研究來說過長。因此為方便本章討論的特別目的，採用如下劃分。

從教育的角度來看，這些時段可劃分為三部分：文士（Soferim）時期、組誥（Zugot）時期（編註：或譯雙賢時期）和坦拿時期。第一個時期可以說始於約公元前五一五年第二聖殿的建造，終於公元前二〇〇年。就是在這個時期出現了被稱為大議會（the Great Assembly）的機構的模糊形態。這時候的猶太領袖稱為文士（Soferim）。這一稱號好幾次出現在〈以斯拉記〉和〈尼希米記〉中。關於以斯拉，其中寫道：「他是敏捷的文士，通達耶和華以色列的神所賜的律法書。」[1]這一名稱用來指稱那些專事於書寫或抄寫律法，並把它傳授和解釋給大眾的人。他勒目裡面還有一種有趣的解釋。希伯來語裡 sofer 這個詞也有「計數者」的意思。因此他勒目認為這些人之所以被稱為文士，是因為他們如此專注其工作，以至於其實是在點數摩西五經中的單詞和字母，將其內容分類，並按照各自主題列舉西奈或拉比律法的數目。[2]

接下來的兩段時期長度相當。組諧時期始於公元前二〇〇年，終於公元一〇年，此時坦拿時期開始。一般認為第三個時期結束於公元二二〇年。因此後面這兩個時期各自延續了約二百一十年。

組諧（Zugot）一詞意為「成對」。第二個時期如此命名是因為當時猶太公會可能是由來自高貴等級並擁有極高名望的二人共同領導。按後世的名詞來說，一個人是**納西**或**領袖**，而另一個人是**法庭長老**或**副領袖**（ab bet din）。在此期間，從約以謝·本·約澤和約以謝·本·約哈難（Jose b. Johanan）開始到希列和煞買爲止，共五對這樣的組合。[3]

從坦拿時期開始，普遍用拉比（意爲「我的師傅」）的稱號稱呼被正式任命的教師，而用拉班（意爲「我們的師傅」）稱呼公會的領袖。每當猶太古代文獻記載這一時期精神導師的言論時，都會在他們本人的名字前面冠上這些稱號。指稱口傳律法的老師的坦拿（Tanna）一詞並未出現在坦拿文獻裡。該詞起源於接下來的時期，用來指米示拿或巴萊他（Baraita，

編註：希伯來文意思為「外部或外面」，指猶太口傳律法中不包含在米示拿六大項

目之內的）中有提及其意見的教師（後面這個亞蘭語單詞一般用來指未被收入米示拿中的所有坦拿教誨）。

這三個時期各自都對學校制度的演變做出了特別貢獻。

學校制度的發展

筆者的論點是，猶太學校制度的發展經歷了三個階段：最初，創建高等學院；接下來是建立面向青少年的中等學校；最後是普及初等學校。這幾個教育階段分別是由大議會、西蒙·本·西塔和約書亞·本·迦瑪拉促成的。

下面給出支持此論點的部分證據：他勒目中引述了一段重要的早期陳述，誠然這段陳述很含糊，但其中提到了這三個教育階段。爲說明這點，筆者將該引文分爲三段，並把與各個階段有關的特定詞句用粗體標出。其他證據在討論中給出。

記住這個值得讚頌的人吧，約書亞·本·迦瑪拉是他的名字，因為要是沒有他，妥拉就將被以色列忘記。起初，每個有父親的人都被教給妥拉，而沒有父親的人則沒學過妥拉……**於是他們規定在耶路撒冷為孩子安排教師**。他們何以產生這個想法？來自「因為訓誨必出於錫安，耶和華的言語，必出於耶路撒冷」。[4]

但這舉措還不夠，因為有父親的人由父親帶去那裡受教，而沒有父親的人就不去那裡（譯註：耶路撒冷）。因此，**他們規定每個地區都要安排教師，十六或十七歲的孩子都要送到他那裡去**。

然而，若老師對學生發火，後者就會變得叛逆，甚而出走。這種教育狀況持續到了約書亞·本·迦瑪拉的時候，**他規定每個外省以及每個城鎮都要安排教師，而年滿六或七歲的孩子都要帶去教師那裡**。[5]

我們發現引文中清楚提到了三項新的教育措施，並且明確說最後一項是由第二聖殿時代末期的大祭司約書亞．本．迦瑪拉頒布的。但前兩項規定又是何時通過的呢？進一步問，每項創新到底爲教育制度做出了什麼樣的貢獻呢？

透過研究與約書亞．本．迦瑪拉之前的第二聖殿史相關的古代猶太文獻，我們發現其中提到兩項分別由大議會和西蒙．本．西塔頒布的重要教育法令。因此，在沒有相反證據的情況下，可以合理認爲前述引文中提到的第一項教育措施，指的就是文士時期大議會的貢獻，而第二項教育規定則是由西蒙．本．西塔頒布的，他活躍於組諾時期第二個世紀的前半葉。

然而，這三項教育貢獻各自的具體性質爲何？由前述引文可以明顯看到，第二項創新就是爲十六或十七歲的青年創辦中學，而最後一項法令是爲少兒建立初等學校。第一項規定完成了什麼樣的教育改革？筆者認爲是在耶路撒冷建立了高等學校。他勒目的引文在相關地方說的是「爲孩子安排教師」，這點並未否定此論點，因爲他勒目中經常用這個短語來指學校教師，通常區別於學徒的僱主。此外，他勒目中**孩子**（tinokot）一詞也用來指「少年」或「青年」。[6]因此，他勒目的這個短語在這裡可以譯爲「爲青年安排教師」。

但支持這一解釋的正面證據爲何？第一項法令規定只在耶路撒冷建立學校，這點表明這些學校主要是作爲高等教育的中心。當時以色列的律法專家、祭司、高等法庭的庭長和成員都住在聖城耶路撒冷，因此在那裡建立學院很方便。此外，他勒目稱頒布此法令的動機來自於以賽亞的理想化的預言：「因爲訓誨必出於錫安，耶和華的言語必出於耶路撒冷。」這點可能說明新建的學校不僅僅是用於初級或中等教育。

米示拿中提到大議會的三項規定中有一項是教育法令：「其言者三：務三思而後決，務多興後學，務爲律法築藩籬。」[7]這也可作爲一個證據。

批判性地去研究該引文後或可發現，第一項和第三項規定乃是傳達給以色列法庭中的精神領袖，他們有權做出裁決並爲捍衛和維護律法而創制新法。我們極有理由認爲第二條法令也是傳達給這些人。因此，大議會關於教育的規定，意味著以色列的每位精神領袖都應盡力招收大量學生，並給予他們高階的律法教育，由此就導致了高等學院的建立。

第二聖殿時期之前，除了祭司和先知的專門培訓學校之外，教育孩子是父母的事情。第一聖殿時期猶太人基本上還是一個農耕民族，而農業是季節性的工作，他們就有足夠時間來提升自己的教育並教導青少年，因此這套體系還是相當成功的。然而，隨著巴比倫之囚後藝術和工業在巴勒斯坦的興起，許多人爲了生計不得不全年勞作，很少有時間教育後代。高等教育尤其受到傷害。成人幾乎沒有時間繼續自己的教育，而子女除了初步的猶太教育外，也得不到什麼教導，高等教育更是不可能。大議會法令的目的，是透過讓精通律法的專家們建立學校來維繫高等教育，在這些學校中，他們可以向眾人傳授課程和訓誨，而不是只把才能挹注在少數個人身上。至於初等和中等教育——儘管很重要——人們認爲父輩就算時間有限，也仍然能夠把這些基礎知識教給子女。這樣，妥拉就可以得到完整保存。

大議會的這個教育改革在以色列歷史上，第一次爲滿足眾多學生的需要而建立學校。其前身是據說先前被擄時期在巴比倫建立的學校。[8] 以斯拉、尼希米以及大議會的其他許多成員很有可能就是在這所學校中接受的教育。耶路撒冷的學校興起之後，巴比倫學校就退居次要地位。因此在後一世紀我們看到希列從巴比倫來到耶路撒冷，目的是在示瑪雅和亞伯泰利翁的學校裡繼續接受教育。[9]

耶路撒冷的學校建立以前，每一代律法專家習慣上挑選一名天資穎異的學生傾其所學；如果他們自己的兒子有這種天分的話，就收其子爲徒。

他們把妥拉完整地「傳遞」給這名門徒。傳統與高深學問的鏈條，就是這樣藉由審慎規畫而串聯起來的一個擇優過程。然而，高等學校的建立使高等教育在一定程度上大眾化，學術帶頭人開始致力於培養眾多學生，而不再僅僅限於一人。不是所有學生都具備同等的專業能力，因此只有一部分人既能學會和掌握全部傳統知識，還通曉新的解釋。那些非常成功的學生被稱爲從老師那裡「接受」了律法，以後會成爲他們的學術繼承人。[10]

對於大議會的教育規定，一些猶太註釋者提出另一相當有趣的解釋。他們指出，只要以色列國中存在著預言的能力，高等教育的擇優機制就行得通。藉著這一特殊能力，就不用擔心律法專家會做出錯誤選擇。然而當大議會看到預言能力衰落，他們便眞的開始擔心高等教育會在猶太人之中斷絕。如果被選中的那名學生心智不足以勝任老師的期待，或者他在得以「傳遞」傳統之前便早逝，那麼過去所積累的學問就會喪失。或許是因爲這個原因，大議會認爲有必要讓大眾都享有高等教育。[11]

這些高等學校具體建立於何時仍屬猜測。比較合理的推測是，以斯拉最早在文士時期的第一個世紀的後半葉開始實施該法令，因爲聖經記載說：「以斯拉定志考究遵行耶和華的律法，又將律例典章教訓以色列人。」[12]

實際運行的學校體系與理論設想並不相同。最初建立有數所高等學校或學院，但到文士時期結束時它們合併爲一所。所有有資格接受高等教育的學生都盼望聆聽當時大師的講座，因此想方設法進入他的學校。而且一間建築就能輕易容納全體接受高等教育的學生。結果，終於在耶路撒冷建立起一所由一名校長和一名副校長領導的更大的高等學校。這種雙領導制極有可能是原本有各自校長的兩所較小的學校合併的結果，但沒有歷史資料證實這點。這所學院原封不動地持續到組語時期的最後一「對」領袖執政，然後又分成兩所學校，即希列學院（Bet Hillel）和煞買學院（Bet

Shammai)。

通常有多少學生來這所高等學校聽課呢?歷史文獻中找不到直接答案。但由已知的若干事實我們有把握推測這些學生的人數可達數百。許多祭司和利未人都是在這所學院接受高等教育。因此,位列由七十一名智者組成的以色列最高法庭——公會——的長老,以及由二十三人組成的下級法庭的法官們,也都是出自這所學院。巴勒斯坦地區有數所這樣的法庭。

這所學院如同它之前的大多數學校,爲數百名學生提供教育。儘管如此,教育體制證明並非完全令人滿意,也沒有達到預期的效果。本來預期會有成千上萬的學生蜂擁至耶路撒冷來要求入學,相反,實際上只來了幾百人。造成這一令人失望的結果的原因可以歸結爲三點:首先,學院只設立在耶路撒冷,這樣對住在巴勒斯坦其他地方的人就很不方便;其次,入學條件要求過高;最後,許多學生負擔不起在這些學校上學的花費。

大議會本以爲兒童可以從父母那裡獲得完整的初等和中等教育，但實際上也並不成功。孤兒完全沒有受教育的機會。同樣，許多孩子，就算他們的父親健在，也沒有得到重視，其原因或是因爲父母忙於日常生計，或是因爲父輩們自己也並不通曉基本的猶太知識。此外，學生要負擔在耶路撒冷的生活費用以及學費，因此貧窮家庭的孩子和孤兒不指望能進入學校學習。他勒目中說「有父親的人由父親帶去那裡受教」，指的就是首先父親能夠給他的兒子提供完整的預備教育，其次要有足夠財力支付他在耶路撒冷的高等學校上學的全部費用。

馬卡比起義的勝利帶來了希伯來語以及猶太學術和習俗的復興。許多年輕人現在渴望獲得良好的猶太教育，而過去他們並沒有這樣的機會。他們的學習水準並不夠高，也沒錢去念耶路撒冷的學校，更找不到預備學校來滿足對猶太知識的渴求。由此逐漸產生了對免費的中等學校的需求，這此學校也就在巴勒斯坦各地應運而生。

西蒙．本．西塔著手修補和改革學校體制。耶路撒冷他勒目（Jerusalem Talmud）記載他頒布了三項新措施，其中之一是：「孩子應去學校。」[13]這項規定意味著爲十六或十七歲的年輕人建立中學。作爲撒羅米（Salome）女王的兄弟和公會的副領袖，西蒙的法令應當不會被置若罔聞，巴勒斯坦各大城鎮或地區都可能建立起了中等學校。

大約公元前七五年前後，猶太人歷史上首次出現了一套「兩級」學校體系。它包括耶路撒冷的高等學院和遍布猶太人居住地的中等預備學校。初等教育則仍舊是父母的事情。

這些中等學校提供給所有成年男性免費的義務教育。然而其強制性僅僅是透過不斷的道德和宗教勸導得以保障。只有用這種辦法才能說服父母把孩子送去學校。孤兒也被勸說去定期上學。當學生從這些學校畢業時，便可輕易地進入耶路撒冷的學院，當然前提是他付得起入學費。

這項新規定在耶路撒冷造成了一個問題。學院的學生數目增加得太快，以至於無法得到合理安置。結果是，建立中等學校約半個世紀之後，不得不在耶路撒冷又創建了一所學院，而原先那所學校的副校長煞買則成爲這所新學校的校長。由此形成了希列學院和煞買學院這兩所著名的大規模學校，它們在爲後世發展和創制猶太律法中發揮了作用。

西蒙·本·西塔改革的成功是短暫的。西蒙本來旨在清除的一些不良狀況死灰復燃，並且威脅到新的教育體系。勸說父母送孩子去學校並不難，因爲這樣可以免去他們教導子女的宗教責任。然而，對於成年孤兒來說情況就不是這樣了。他們中許多人並不想接受教育。甚而許多孩子——或是因爲是孤兒，或是因爲父親的疏失——在少年時就失去了接受完整的初等教育的機會。這些孩子達到法定年齡時也無法滿足中學入學要求。這種狀況漸漸就拉低了中等學校的水準。最終耶路撒冷的學院也同樣受到影響。以色列的精神領袖明確表達了對這種水準降低狀況的不滿。14

另一項某種程度上不利於學校體系的因素，是學生教育環境的突然變化。十六歲時從父母教導變爲在正規學校體制下學習，使得許多新入學的學生完全不受課堂紀律的約束。教師無法應付這種非常狀況。「若老師對學生發火，後者就會變得叛逆，甚而出走。」人們迫切需要一次新的教育體制改革。一些沒有時間教育子女的父母設法把孩子送到朋友家去受教。這位朋友則爲他的服務得到報酬。由這種習俗產生了負責照顧大量年幼學生的小學教師。由此出現了 tinokot shel bet rabban（「師長家的孩子」）這個詞，指的就是學校的孩子。然而這種情況只是個別例子。一個原因是它只適用於富裕的父母，因此對解決難題並沒有什麼幫助。滿足時代需要的人，是大祭司約書亞・本・迦瑪拉，他勒目讚美說，要不是有他，妥拉就終將被以色列人遺忘。

約書亞·本·迦瑪拉看到只有透過爲所有男童建立免費的初等學校，才能有效解決這些問題。他於公元六四年前後實施了這次改革。藉由他的規定，在猶太人大量居住的每個城鎮和省份都建立起了這樣的學校。父母們被公告通知，讓他們知道只有把男孩送到這些初等學校，才能正當免除把妥拉教給子女的宗教義務，在這些學校裡，孩子每天受教於具資格而勝任的教師。拒絕聽從該勸告的人，在某種程度上會被猶太社會排斥，並被蔑稱爲am haarez，[15]「鄉民」——更準確地說，「粗鄙、無知的人」。初等教育由此得到普及。不分階層或等級，所有年滿六或七歲的男童都享有這一權利。這是有文字記載的歷史上，第一個建立全面義務性初等教育機制的實例，它完成了猶太學校體系的三級教育機構。

新完善的教育體制對猶太人有著長遠的影響。它甫一出現，就經歷了聖殿被毀和猶太國家解體的災難。隨著流散，它傳播到猶太人流亡的各個地方。有時它會被敵視猶太宗教的統治者禁止，但這種情況終究只是暫時的，學校體系會迅速恢復到原來的狀態。他勒目對約書亞．本．迦瑪拉的高度讚揚並非溢美之詞，因爲他的貢獻不僅有效解決了猶太教育史上的重大危機，而且實行了澤被後世的重要教育改革。完全可以說猶太學校體系發展於第二聖殿時代，而文士、組諳和坦拿時期各自都爲其演變做出了實質性的貢獻。此外，值得指出的是，如果一個國家的教育體系是在內部自我發展，而不是從外部借用或強加上的話，先創建高等學院，然後設置中等學校，最後建立初等學校，可能是學校體系演化的正常順序。

這裡不妨稍微檢視一下內森．莫里斯先生在他的新書《猶太學校》（*The Jewish School*）中提出的相反理論，書中他爭論駁斥了幾乎所有主張約書亞．本．迦瑪拉建立和完善了強制性普遍初等教育的猶太史作者。莫里斯先生主張「到公元四世紀時，隨著面向男童的初等學校作爲一個公共組織和控制的機構的出現，這個發展過程才臻於完成」。[16]然而他的大部分論點都是基於假設。對於他勒目中那些不符合他的理論的敘述，他要麼是當作純粹的傳說而拋棄不用，要麼是在某些地方挑出錯來。他的主要論點似乎都是基於公元三世紀時期兩位拉比間討論的報告，他引用的全文如下。

「當哈尼那拉比（Hanina）與希亞拉比（Hiyya）爭論時，哈尼那拉比說：『你怎麼能和我爭辯？假若妥拉被以色列人忘記了——但願這種事不會發生——我會藉著我的辯才讓它復興。』希亞拉比說：『你怎麼能和我爭辯？我要防止妥拉被以色列人忘記。我去種下亞麻，織網來捕獵羚羊。我把它們的肉送給孤兒當食物；把皮做成經卷，在上面寫下摩西五經。然後我要去沒有童師的城裡教五名男童讀五經，每人分別讀不同的一部。同樣，我要教給六個男童米示拿的六卷，跟他們說，到我回來之前，他們每個人都要教會同伴讀他那部分的摩西書或米示拿。』」[17]然後作者多少帶有一點嘲笑意味地總結道：「一個據說幾世紀之前就有了『義務』和『普及』教育的社會，就是這個樣子啊。」

這位辯論者顯然急於論證，卻忽視了「然後我要去沒有童師的城裡」這句話。儘管理論上約書亞・本・迦瑪拉的法令已經強制普及了面向男童的初等教育，但並不排除某些鄉村可能還缺少教育設施，特別是在流散時期。即便是在一般認爲已經普及了義務教育的美國，以前還是能找到一些缺乏校舍或其他青少年教育設施的小村鎮。希亞拉比說「我要防止妥拉被以色列人忘記」，並不意味著那時妥拉處於衰落狀態。哈尼那拉比說的「假若妥拉被以色列人忘記了——但願這種事不會發生」這句話，就已經排除了這種推測，其含義明顯相反。希亞拉比的全部意思，看起來是說他的任務屬於「辦學者」的性質，將有助於確保妥拉在以色列的延續。

莫里斯先生還引用了他勒目中所記載，晚於約書亞·本·迦瑪拉數代的其他拉比的發言，他們強調「從少開始」的重要性，但並沒有提供更多證據。拉比們希望看到以前頒布的普及義務教育的法令能夠得到全面落實。同樣，坦拿晚期的拉比們說的「父親教導兒子」也不必然是字面上的意思。他們這麼說是因爲這個猶太教育格言起源於聖經，那裡頭常說「教導你的兒子」。[18]

高等學院的發展

筆者既已追溯了第二聖殿時期猶太學校體系的演變，也細緻討論了導致各種學校興起的動因。除了之前所述以及下一章的「課堂運作」中將要講的之外，中等和初等學校的組織架構，從它們出現直到坦拿時期結束都未經歷重大變化，因此對這兩種學校無需再做贅述。

然而高等教育學院經歷了更多演變。這一節單獨討論這些重要變化，以便清晰陳述。

當大議會決定在耶路撒冷建立學院時，他們認為每位偉大的律法學者都應聚集一大批門徒，以創建自己的高等教育學院。然而，耶路撒冷只出現了一所大學院，並延續了數個世紀，直到公元初年前後，才由這所學院產生出希列和煞買兩所對立的學校。這些學校一直興盛到公元七〇年聖殿和耶路撒冷被毀為止。

在這黑暗時刻，一束希望之光穿過猶太民族頭上密布的烏雲。約哈難·本·撒該透過巧妙的運作，獲得維斯帕先（Vespasian）的許可，得以在雅比尼（Jabneh〔Jamnia〕）重建耶路撒冷學院。[19] 這位偉大的學者意識到，這所學院乃是滋養和維繫所有猶太人生命的源頭，因此才在關鍵時刻提出了這個請求。然而維斯帕先恐怕並不知道是他給予了猶太人一線生機，由此他們將超越羅馬的光榮而長存。希列和煞買學校就這樣在約哈難·本·撒該的領導下聯合成為一所學院。

在這所學院創建者的有生之年，高等教育的中心都是在雅比尼。他的許多最好的門徒在他死後定居在其他社區，並在他們周圍聚集起大批學生來接受關於律法的高階教誨，由此就建立起了他們自己的學院。時代的不確定性使得在不同地方建立這些學術中心，成為一個非常明智的做法。即使一所學校被羅馬將軍取締或關閉，其他學校也還可以保存和學習妥拉。雅比尼並不具有傳統上耶路撒冷那樣的神聖性，這也使得這項創新極具可行性。巴勒斯坦、巴比倫和羅馬都建立起具有差不多同等學術地位的學院。然而，由於不同學校之間的課程設置和教學方法多少都有差別，一些學生的慣常做法是在不只一所學院訪學。[20] 呂大（Lydda）、貝奇因（Bekiin）、貝內貝拉克（Bene Berak）、薩赫寧（Siknin）、烏沙（Usha）以及塞佛瑞斯（Sepphoris）是雅比尼之外比較有名的一些學術中心。這樣，五百年前大議會所提出的理想體系在被羅馬人流放初期最終付諸實踐，並在坦拿時期結束之後仍延續了很長時間。

學院演化發展的另一個標誌是入學費用問題。儘管中等和初等學校從創建之初到後來都是免費的，高等學院卻不是這樣。這方面的資料極爲稀少，因此其演變的完整歷史已不可確考。然而我們確實知道，公元前一世紀中期前後，示瑪雅和亞伯泰利翁的學校裡每名學生每日都要繳納入學費用。例如，據說某日還是一名學生的希列就因爲沒錢繳納所需費用，而被學校拒之門外。[21]在沒有相反證據的情況下，看起來可以合理認爲這種做法並非是由這些教授開創的；建立學校時採用收費方式的目的，是用這些錢來作爲維護校舍所必需的收入來源。祭司和利未人可以免費入學可能是這項規則唯一的例外，他們還可以透過猶太律法規定給予他們的特別饋贈而獲得收入。允許這些人免費進入學院學習，是因爲他們要在聖殿服務，因此不能掙錢來繳納費用，同時他們需要接受高等教育以完成在聖殿中的工作。

希列和煞買學派關於對高等教育的限制的對立，進一步證明在古代學院收取入學費乃是慣例。煞買學派一向熱中於一成不變地沿襲舊有傳統，故而青睞於有錢的學生，他們認爲物質財富應當用來作爲學院選擇學生的四個標準之一。[22]因此，除了作爲必要的收入來源，他們沿用收取入學費的舊習，也是基於作爲擇優錄取的根據。另一方面，希列學派則持相反意見，因爲他們深諳其領袖少時爲聽到示瑪雅和亞伯泰利翁的講課而不得不克服的困難。對他們來說，財富並非合理的錄取標準，因此他們想要著手做出改變。

此外，值得注意的是，這一爭論並非僅僅停留在理論上，很快兩派就將其落實爲各自的政策。這種說法是基於一個歷代流傳的傳統觀念，也就是，希列的學生多過煞買，而後者的學生卻比前者聰明；[23]這是由於雙方政策不同而可預期的結果。那麼可以有相當把握說煞買學派延續了向學生收取每日學費的傳統做法，而希列學派則在猶太學院的歷史上開創了免費高等教育。

希列和煞買學派作爲耶路撒冷的兩所獨立學校存在期間，一直嚴格執行這兩種不同的政策。在約哈難·本·撒該領導下，兩派在雅比尼合爲一所學校之後，則採取了一種妥協的政策。新學校不再收取入學費，但其他限制標準使得錄取仍舊極爲挑剔。若某人的忠誠受到懷疑，就不能進入學院。校舍門口仍然設有看門人，用來攔阻沒有得到校長證明的人進入。當約哈難的繼任者教長迦瑪列被造反的同事和學生趕下台之後，看門人也被取消了，學生可以暢通無阻地進入學校。他勒目記載說，做出這項改變的當天，學院中不得不爲新學生增設數百張凳子。[24]學校沒有再設置不講道理的入學限制，候選者僅憑學識即可入學。希列學派的自由主義政策最終取得勝利。

1 〈以斯拉記〉第七章第六節。本文中給出的關於文士的傳統觀點仍然是最廣為接受的。

2 〈論聖化〉30a：耶路撒冷他勒目〈論舍客勒的稅款〉第五章第一節。坦拿時代晚期，Soferim 一詞既用來指律法專家，也指小學老師，如〈論疑妻行淫〉15a：「如是教導：迦瑪列拉班對智者們說：文士們，允許我來解釋它吧。」，以及〈以斯帖記補述〉（Tosef. Megillah）第三章第十九節：「文士按照通常的方式教學。」

3 〈論節日獻祭〉第二章第二節。

4 〈以賽亞書〉第二章第三節。

5 〈論最後一道門〉21a。這段文字極可能是猶太教育研究中最重要的歷史文獻。

6 例如，見〈論離婚訴狀〉58a：「小夥子在路上與她玩鬧」；又見〈贖罪日〉23a：「拉比們教導說：曾經發生過這樣的事，兩個同等地位的祭司跑去爬坡……那個青年的父親來了……」

7 〈先賢篇〉第一章第一節。

8 Yavetz, III., p. 68.

9 耶路撒冷他勒目〈論逾越節〉（J.T. Pesahim）第六章第一節：「為了三件事，希列從巴比倫（到耶路撒冷）來」。

10 見〈先賢篇〉第一章。說到從摩西到大議會的律法傳統的鏈條，用的是「傳遞」這個詞。後來用的是「接受」這個表述。這篇米示拿歷史文獻中用詞的改變並非僅是偶然。透過文中給出的解釋，可以看出這些詞語其實意味深長。

11 見〈先賢篇〉第一章。

12 〈以斯拉記〉第七章第十節。

13 耶路撒冷他勒目〈論婚書〉（J.T. Ketuboth）第八章末。

14 〈論疑妻行淫〉47b：「當煞買和希列不合要求的學生越來越多，以色列國中的紛爭也就增多了，妥拉也被弄得好像成了兩部律法書。」

15 〈論祝福〉47b 和〈論聖化〉41a。

16 《猶太學校》第十七頁。又見第二章及附錄一。

17 米示拿〈論婚書〉103b。

18 見斯威夫特《古代以色列教育》九十一至九十五頁中，所做的其他作者關於這個問題的觀點的簡述。這裡舉出一種與筆者觀點完全一致的有趣說法：「公元一世紀前期教師就已普遍存在，由此推斷，學校應該也已經普及。這點由新約中的片段可以證明，比如〈路加福音〉第五章第十七節：『有法利賽人和教法師在旁邊坐著，他們是從加利利各鄉村和猶大並耶路撒冷來的』」。這段引言明顯指的是中等學校的教師，而當時猶太人居住的各地都已建立了這樣的學校。

19 〈論離婚訴狀〉56a、56b。

20 〈論公會〉32b。又見 Yavetz, VI., p.153 和註釋。

21 見第二章中「猶太教育的重要性」一節。

22 第二章「教育理念與目標」一節中對此有討論。

23 見米示拿〈論叔娶寡嫂的婚姻補述〉（Tosafot, Yebamoth）14a。

24 〈論祝福〉28a。又見 Graetz, II., p. 338; Yavetz, VI., p. 56。

IV 教育的施行

校舍與班級
學校的資助與維持
監督者與管理者
課堂運作
教師的資格與地位
成人教育

校舍與班級

古代文獻中提到的第二聖殿時期最早的校舍建築，是位於耶路撒冷的集中式高等教育學院，其建成不晚於文士時代末期。這座稱爲學習之所（bet hamidrash）的建築建於聖殿山（Temple Mount）上，這樣無論是公會——猶太最高法庭——的成員，還是祭司和利未人都能方便地參與到學院的討論和辯論中來。他們大都是在安息日和節慶日進行這樣的活動，[1] 因爲在這些日子裡法庭不開庭，而聖殿的祭獻儀式也大爲減少。

學院鄰近聖殿的另一個原因，可能是想要使學校的理論教學更貼近於聖殿儀式和公會司法裁判的實際操作，後者就位於聖殿的一座大廳之內。某些古代註釋[2]又從坦拿文獻中推論出另一個原因。他們聲稱古時人們認爲聖殿中的神聖儀式和禱告會對學生產生心理作用，讓他們變得敬畏上帝，也更用功求學。

這所學校建築主要包括一間足以容納所有學生的大講堂。即便從現存極少的證據來看，這座建築中也明顯沒有單獨分開的教室。整個學校就是公會**領袖**和**副領袖**領導下的一個班級。所有學生都要上課，然後參加大討論。納西或者說領袖把大部分時間都花在學院上，而法庭長老或副領袖，正如其職位的希伯來語名稱所示，則主要履行公會的職責。

校舍中不設座椅。這既不同於亞里士多德的逍遙學派，也有別於現代學校；前者師生四處漫步，後者則是全班學生坐著而老師站著。古代猶太學校的學生通常是站著求學。上課時候他們簇擁著同樣是站著的老師，誠惶誠恐地聽他講解妥拉。[3] 這一事實使得大議會詔諭的「務多興後學」（Raise up many disciples）這句話有了不同含義。「興」這個字既可以解釋爲「增加數目」，也有「使其站起」的意思。站著聽課的舊俗對許多學生來說實在是件苦事，大約在公元一世紀前期長老迦瑪列（Gamaliel the Elder）拉班死後就被廢止了。然而許多學者並不贊成在學校設置座椅，他們宣稱：「迦瑪列拉班死後，律法之光就消失了。」「律法之光」這種表述，說明拉比們對站立聽課這個慣例有多麼重視。這些大師教導說，無論何時學習妥拉，都應該想到是上帝在頒賜律法的知識。因此，無論猶太人何時學習妥拉，都應當站著，就像他的先祖們站在西奈山腳下恭候上帝第一次揭示妥拉時那樣。

座位最終得以設立之後，其排列方式跟公會中的座位排列一模一樣。每排座椅圍成一個半圓形，講師站在中心。這種排列使學生得以看到老師，以及參與討論的眾多同學的全貌。猶太智者常堅持讓學生在課上看到老師的面容。前幾排一般保留給偶爾來學院聽課的公會成員、祭司和利未人。

第二聖殿被毀之前，公會的功能就已或多或少被羅馬地方當局剝奪了。提圖斯摧毀聖殿之後，公會與耶路撒冷的學院合而爲一，新的學院位於雅比尼。然而，公會不再由七十長老組成，而是縮減爲二十三名智者。這些人坐成一個半圓形。面對著他們，爲學院的高階和特任學生設有三排座位，每排也是二十三人。這些人每個都分配有特定的座位。假如這個小公會的成員在判案時意見分歧而且兩派人數相等，則由高階學生加入以擴充其人數，有時甚至可以達到公會人數上限的七十一人。學院其他學生以類似方式在小公會後面坐成幾排。新生要按照當時平民百姓的習慣坐在地上。許多東方國家仍舊沿襲著這樣的方式。第二聖殿時期公會領袖某種程度上只是一個名義上的職位，因爲所有重要案件都由大祭司來主審；與此不同，雅比尼的學院領袖則是官方認定的族長。學院裡坐滿之後，一排排學生看上去就好像成排種植的葡萄園，因此希伯來語和亞蘭語口語中常稱坦拿時期的學院爲「葡萄園」。例如米示拿說：「因此，以利亞撒·本·亞撒利雅（Eleazar b. Azariah）拉比在雅比尼的葡萄園中，當著智者們的面解釋它。」[4]這一名稱特別用來把高等教育學院和稱爲學習之所的中學區分開來。

西蒙·本·西塔設立中等學校時，必須同時爲所有新學校覓到合適的校舍。幸運的是，巴勒斯坦各地已經建立起眾多會堂來作爲禮拜所。禮拜儀式只在清早、傍晚和晚上進行，因此會堂差不多整天都是空著的。於是它們很快就被用來爲新設立的中學提供校舍。會堂原本只是叫作**聚會之所**（bet hakeneset），現在也叫學習之所了。古代著作似有暗示當時會堂通常包含分別供男女使用的兩個比鄰的房間，或是由一間主講堂及廊台組成，[5]這也爲現代考古發掘所證實；因此任何一所會堂都能方便地容納下兩個班級。這種布置證明完全令人滿意，於是當時沒有爲新項目特別建造校舍。

後來設立初等學校時，校舍的問題也是以類似方式解決。在巴勒斯坦和其他猶太人大規模居住的地方，尚有大量會堂未被用作校舍。約書亞・本・迦瑪拉的法令要求這些會堂在日間要作爲青少年的校舍使用。從那時起，「會堂」就成爲建築物意義上的「學校」的同義詞。[6]「學校」一詞幾乎從未在新約中出現過，一位現代作者對此解釋如下：「學校與會堂的聯繫如此緊密，以至於日常用語中二者並無區分。」[7]最後，會堂裡 **hazzan** 這個職位的名稱也用來指稱小學教師了。[8]

此外，還有大量會堂同時爲小學和中學的班級提供場地。古代文獻明確指出不同班級之間從未混淆過。因此，爲學校提供場地的會堂很有可能會特別增建房間，以防止這種事情發生。例如，耶路撒冷他勒目記載說：「耶路撒冷有四百八十所會堂，每所會堂都有自己的**書院**（bet sefer）和

學院（bet Talmud），分別是爲研習米刻拉（初等教育）和米示拿（中等教育）而設。」[9]儘管數目也許有誇大，但這裡以及其他古代猶太文獻中所見的類似敘述，均支持上述結論。

公元七〇年聖殿和耶路撒冷被毀，以及公元一三五年巴爾．科赫巴起義失敗之後，成百上千座的會堂被羅馬人破壞殆盡，此時校舍極爲短缺。猶太人或是開始重新居住在原有城市，或是定居在新的集中地，在這些地方新建的會堂主要作爲中學使用。於是又特別爲初等學校建造校舍。這種學校被稱作**書院**，其教師稱爲文士。中學叫作**學院**。Bet hamidrash 則變成「學校」（school）的總稱。

此外，有趣的是，像某些希臘哲學家那樣，坦拿時期許多教師習慣在戶外授課。這麼做的一個原因，可能是因爲夏季時候校舍過於炎熱。然而米示拿的作者尊長猶大拉比禁止這種做法，其反對的理由是基於聖經中的某一節。[10]他勒目中另外記載說有一次猶大拉比發現校舍過於擁擠，於是在野地裡給學生上課。[11]因此，他的禁令大概僅限於禁止在街市上教授妥拉。

猶太教育的這段歷史中一個重要事實是，通常所有班級都是從早到晚上課。透過他勒目裡講的一個極其冗長的故事，[12]可以明顯看到孩子是沒有午餐時間的。後世產生的關於逾越節前是否需要在校舍中尋找麵包屑之類東西的問題，也暗示孩子們在學校是整天都吃不到食物的。[13]對學生來說，不吃東西並非特別辛苦的事情，因爲當時人們一般習慣一天只吃早晚兩餐。然而，由於這種安排，孩子們要在家由父母教導一兩年、年滿六或七歲時才能進入學校。[14]週五下午以及節日之前孩子們不用上課，[15]這樣他們就有時間爲安息日或節日做準備。安息日晚上及下午上短時間的課，[16]主要是爲了做全面複習，但也使得父母有機會來學校聽兒子背誦課文。

高等學院不受上述規定約束。它們的學生每天定期上兩段課程，一段在白天，另一段在晚上。這些課程即便在節日也不會省掉，[17]但可能有所縮短。一般是在下午授課。在雅比尼學院上學的人數大幅增加之後，爲滿足不得不在白天工作謀生的大量學生的需要，才改在晚上授課。[18]學院其他時間則全部用來複習和進行一般討論。

關於坦拿時期中小學課堂規模的證據尚付闕如。[19]然而他勒目中的一段敘述爲我們提供了線索。這段話的大意是，若某社區孩子上學路程艱險，並且有二十五個孩子受累於此的話，該社區成員可強制彼此僱用教師並在他們的社區建立教室。[20]他勒目中在這段話之前解釋說，自從約書亞·本·迦瑪拉頒布法令以來，這項法規就一直有效。從全篇上下文判斷，這項法規的目的可能是二十五名兒童就足夠組建班級，而社區的責任是提供教師。因此我們有理由設想坦拿時期的班級裡有二十五至四十九個孩子，因爲要是有五十個男孩的話，就要分成兩個班級。有趣的是，他勒目如此明確地限定了班級的規模。然而規模限制僅適用於小學班級。由其他古代文獻可知，中學班級的規模要大得多，也並非如此整齊劃一。[21] 因此，坦拿時期自始至終把中學設在會堂是方便的做法。

在坦拿時期實際上有多少孩子成功獲得了中等教育？下面或許能給出答案。革馬拉解釋說，米示拿允許由三名非專業人士組成一組來裁決與錢財有關的特定案件，因爲它認爲這三人中不可能連一個準確學習過律法，並能點撥同事的人都沒有。[22] 這可以解讀爲當時最少有三分之一的猶太成年男性人口接受過相當完整的中學教育。假如這種解讀正確的話，它或許可以解釋下面所引述的斐羅的話：「猶太人尊崇他們的律法爲神的啓示，從年少時就被教以律法的知識，因此律法的觀念是印在他們的靈魂裡。」[22a]

學校的資助與維持

支撐與維持學校體系所必需的經費源自稅收和捐獻。每個社區只對有經濟能力的成員徵稅，並且徵稅對象可能僅限於家中有孩子上學的成員。[23]這是西蒙·本·西塔和約書亞·本·迦瑪拉法令中必不可少的部分，否則他們的改革就無法持續。唯一的例外是高等學院。

第二聖殿時期維持學院所必需的經費主要直接來自學費。聖殿被毀之後，學院與公會合併，重建於雅比尼，此時採取了免除學費的制度；作為學院首腦的教長定期派特使去所有猶太人居住地徵收供奉。猶太人已經習慣於每年繳納供奉，以維護聖殿及耶路撒冷的日常祭獻，因此他們也樂意交出舍客勒（編註：Shekalim，指錢財）給學院。後來又有幾所學院成立之後，這些學校的校長延續了這一做法，甚至不時自己動身遠行去為維持學校籌款。[24]

對老百姓來說，爲學校體系提供資金並非負擔。教師的薪水是主要開支。接下來的開支是校舍的維護。後一類不包括所有中學和大部分小學，因爲它們開設在會堂內，而會堂一向得到社區的良好維護。僅就維護費用來說，學院和特別的初等學校的校舍是唯一的額外負擔。

甚至教師的薪水也不是大問題。首先，如果能做到的話，教師不會爲教書而收取報酬。他們樂意地履行律法要求，不計物質回報而教書。其次，教師的薪水不管怎麼說都是相當低的。律法不允許任何教師把他的職業變成「用來挖土的鍬」，[25]也不允許收受超過他用來教學的時數內從事其他工作所實際能掙得的報酬。[26]因此，教師僅爲時間的損失獲得補償。所有人都同意教師最少應該得到這些報酬，因此徵稅也沒有遇到什麼困難。學校所需資金相對來說並不成問題，這爲猶太學校體系在面臨外部諸多迫害與干擾的狀況下得以生存，發揮了重要作用。

監督者與管理者

第二聖殿和坦拿時期學校的監督和管理一直是公會或下級法庭的責任。前面已經指出，即使在二者相互分離且互不隸屬時，公會領袖也是主要學院的首腦。作爲領袖，他既是首席講師，也是監督者和管理者。

然而，所有其他學校都是在地方**猶太法庭**（bet din）的監督和管理之下。這些法庭通常由三名法官組成，他們或是被任命的拉比，或是有學問的非專業人士。每所還算大的會堂也有自己的中學和小學，以及負責監督和管理這些學校的法庭。巴比倫他勒目（Babylonian Talmud）記載說，耶路撒冷在被提圖斯摧毀之前有近四百所這樣的教育組織。[27] 如果這個數字沒有誇大，並且我們按平均每個組織內最少有一百個孩子來算的話，耶路撒冷當時有三萬至四萬個孩子在校。這一估算與約瑟夫和塔西陀（Tacitus）

的歷史記錄相比已爲保守；根據他們記載，耶路撒冷的猶太總人口可能最少十倍於此。然而，考古學者則稱，公元四〇年前後的耶路撒冷全部人口幾乎不可能超過五萬；因此，前面他勒目以及約瑟夫和塔西陀的數字都可以認爲是過分誇大了。

較大會堂的法官把全部時間花在履行法庭職責、監督和管理學校這三項任務上，類似於教師那樣，他們從社區那裡領取薪水。較小會堂的法官職務就沒有這麼吸引人，他們無償提供服務，要靠從事其他職業謀生。然而耶路撒冷有一些負有額外職責的法庭，這些法官靠著充當傳授祭司特別祭獻律法的教師，而從聖殿那裡獲取薪水。[28]

作爲擁有監督者和管理者雙重身分，法庭的權限包括任命和解僱教師、開設新班級、徵收學校稅金、釐定所有給薪職員的薪水及其他類似職能。

個人或社區如欲申訴，可將案件提交高等法庭甚或公會來裁決，後者作爲猶太最高法庭，擁有最終裁判權。這裡所涉及的猶太歷史時期內，並沒有任何實際案件的文獻證據。

課堂運作

到目前爲止，還不清楚與個別班級有關的學校組織的狀況。例如，每所學校有多少個年級？一般學生的學期有多長？學校何時註冊新生？學生是否隨時都可以入學？

關於這些問題的資料確實極其稀少。然而筆者認爲，不同於今天學校裡每一年或半年升級一次，當時中小學以兩年爲單位組織班級，孩子們只在學期開始的時候註冊。但支持這一想法的證據爲何？此觀點是透過對一段他勒目文本的認眞研究之後得出的。

在描述確立猶太學校體制的三項法令時，他勒目的敘述提到「十六或十七歲」以及「六或七歲」分別是中小學入學的年齡。這些不同選項意味著什麼？他勒目的註釋將後者解釋爲：如果孩子體質強壯，則在六歲入學；如果虛弱，則在七歲入學。[29] 然而，這些註釋出人意料地對前一句「十六或十七歲」保持沉默。在這一點上它們的解釋並不充分。

然而如果我們採取前述假設，他勒目的用詞就更清楚了。中小學建立時，入學年齡要求分別設爲十六歲和六歲。因爲班級是以兩年爲單位設立的，所以開課時年紀小一歲的孩子就必然要等兩年後才能入學，因此會在十七歲或七歲進入學校。這可能就是他勒目在兩處給出不同選項的原因；因此，男童進入中學恰好限定在「十六或十七歲」，而入小學則相應限制在「六或七歲」。

由下面給出的文獻記載可知，至少中學的班級是以兩年爲單位組織起來的。他勒目記載公元二世紀中葉烏沙的拉比們規定：「父親要把兒子養大到十二歲，之後則應嚴格對待，甚至可以不再供養他。」[30] 他勒目中最後的解釋是，這項律法與米示拿的學習（即中學教育）有關。這個時期的孩子通常是在十歲進入中學。因此我們可以認爲在烏沙實行的這項律法的意思是，除非孩子在中學一年級學習不及格而要重修，否則父親無需嚴厲對待他。到了十二歲時，父親則應意識到兒子明顯習性怠惰，此時要盡可能糾正他的習性，使他更用功學習。這可能暗示班級的持續時間是兩年。

還有更多旁證支持上述猜想。前面說過，大多數用作校舍的會堂都有兩間屋子。跟今天一樣，那時候不同老師整天在一間屋子裡給好幾個班級上課，是不可能的事情。一所會堂只方便容納兩個班級。而且我們知道當時中小學階段的教育通常要花五年時間。[31]孩子入小學前就已在家受過一到兩年教育，因此可以在四年內完成學習。同樣，起初中學只接收成熟的男生，因此他們也能在四年內完成課程。如果把這四年分爲爲期兩年的兩個班級，那麼每所會堂就能方便容納整所中小學。事實似乎就是這樣。

還有其他一些與中學班級運作有關的信息。儘管這些班級最初是爲至少十六歲的男生組織起來的，但在小學設立之後，則經歷了劇烈變化。迫於時代情勢而做出改變。羅馬的壓迫已近不堪忍受。鬥爭幾乎不可避免。在如此不確定的情況下，如果還像過去那樣把中學教育推遲到十六至二十歲，許多男生將永遠沒有機會得到基本的猶太教育。因此，在下令建立小學的時候，約書亞·本·迦瑪拉籌畫讓所有圓滿完成基礎教育的孩子立刻升學進入中學。這樣在十四或十五歲的時候，男生們就完成了作爲猶太人所必需的日常生活基本知識的學習。少年時期的這種高強度學習，在即將到來的流散時期證明了極有助益，因爲這些男孩中的許多人不得不開始自謀生路，再也不能上學了。

然而這些畢業生中的一些人繼續上到了高等學院。他們已經正式具備入學所必需的知識方面的要求，很容易被錄取。因爲還年輕，有一兩年他們會被排除在討論之外。事實上，他們甚至沒有座位，不得不坐在地上。成功通過這段考察期之後，他們被分配到後排的座位，並被允許參加到討論中來。進階的學生則會被提升到前排的座位去。高階的學生稱爲**負盾者**（baale tresin），因爲在討論中受到挑戰時，他們要用猶太學問全副武裝自己以捍衛其觀點。[32]

學生圓滿完成學院教育後，就被任命爲以色列的拉比。這是一個簡單的儀式。師長正式把手放在學生頭上，宣布他被任命。這種任命在希伯來語中稱爲smicha，它授予學生**拉比**、師長或**長老**（zaken）的稱號。它還賦予他裁決猶太律法疑問的權力。此外，它還宣示他成爲了自以色列的立法者摩西以來連續不斷的傳統鏈條上重要的一環。他可以被選入公會。通常年滿二十二歲之前，學生不會被任命爲拉比。然而有幾個例外。例如，以利亞撒·本·亞撒利雅年僅十八歲就獲得完全任命，甚至被選爲學院院長。[33]約瑟夫自詡十四歲時就精通律法，連耶路撒冷的大祭司和要人都曾就律法中某些地方的準確含義來請教他的意見。[34]甚至被任命之後，學生也經常繼續留在學校裡學習。這時候他會在前三排得到一個座位。

還要談一下課堂紀律。前一章中已經描述了接收年滿或超過十六歲男生的中學班級的禮儀。把這些班級與初等學校相協調，就能確立更好的課堂秩序。儘管如此，其實還是經常要用到皮帶。小學老師特別被描繪爲手裡常備著皮帶。[35]當時信奉的格言無疑是：「不忍用杖打兒子的，是恨惡他；疼愛兒子的，隨時管教。」[36]甚至學院中也不時採用這樣的「管教」。據說，按照聖經裡的忠告：「不要責備褻慢人，恐怕他恨你；要責備智慧人，他必愛你」，[37]大部分學生都會心平氣和地接受斥責與懲罰。理論上，即使學生在受罰時死亡，教師也不會被追究過失殺人的責任。[38]然而，並沒有一例這種暴行的證據。相反，有充分證據證明師生間很大程度上存在著相互理解與尊重，下一節的內容可以說明這一點。

教師的資格與地位

本書所研究的猶太歷史時期裡，當然沒有特別的師資培訓學校。當時特別強調從事教學的人員要掌握足夠的知識。然而，在挑選學院院長時，也會考慮候選者的管理能力。例如，據說長老希列有八十門徒，其中約拿單·本·烏薛（Jonathan b. Uzziel）排行最高，而約哈難·本·撒該最低。但是希列選後者作爲他的繼承人。[39]據記載，米示拿的作者猶大拉比也有一件類似的事情。他臨終時召喚以色列的智者們，除了其他事情，他還跟他們說：「我子西蒙雖爲智者，然我子迦瑪列應爲納西（領袖）。」[40]這些似乎表示學院領袖的高位不僅要求掌握妥拉的完整知識，還需要其他資質。

猶太教育領域裡幾位作者的主張似乎並不正確。因爲前面提到的坦拿文獻的記載，這些作者稱希列只有八十名門徒。筆者下面給出米示拿記載的言論以證明這是誤解：「約哈難·本·撒該拉班有五名門徒，他們就是這些人[41]……」約哈難·本·撒該在雅比尼的學院裡只有五名門徒嗎？沒有人會幼稚到做這樣字面上的解讀。這位名師肯定像他的前輩希列一樣有成百上千的學生。然而給出的那段坦拿文獻只提到了那些從師長手中成功「接受」[42]了完整的妥拉並受其任命的門徒們。

中小學教師的主要資格，當然是要掌握關於妥拉的足夠知識。緊接著的要求是要虔誠。此外還要對孩子有耐心；[43]要有教學能力；要專心於其神聖的工作。婦女不許當孩子的老師；未婚男子也不可以。[44]

此外，教師一般還是理想主義者。如前所述，他們的薪水至多不過彌補其時間的花費。這種條件下，人們除了因爲熱愛這行而從事教育之外，還因爲他們認爲這是神聖的職業，藉此得以行大善。因此，教師通常擁有高尚的品格。這使得解僱教師相對簡單。生計並不成問題。老師常樂於把課堂轉交給比自己更勝任的同行。這種做法的證據，源自古代文獻記載，當伯蒂拉諸子（the Sons of Bethyrah）得知希列比他們更通曉律法之後，便立刻交出職位，讓這位巴比倫的大師選爲公會領袖。[45]這一慣例使得只有具備最優資質的教師才有可能在學校任教。

這些事例證明猶太教師受到高度尊重。無怪乎拉比們教導說：「畏師如畏天。」[46]另一方面，教師也被告誡要「敬徒如敬己」。師生間相互尊重與信任，這點由一位偉大的老師的話可以得到證明：「我從我的老師學習到許多妥拉的知識，但從我的同仁那裡學到的更多，而從我的學生那裡學到的最多。」[47]

一些學校老師爲了跟學生有更多個人接觸，安排弟子在安息日來他們家裡。每個學生被要求在不同的安息日來。坦拿時期記載有證據如下：

「猶大拉比說：『那天是我的安息日，我陪著塔爾豐（Tarfon）拉比去他家……』」[48]當然，對中小學兒童並沒有這樣的要求。但所有學生每逢節日要拜訪老師卻是通例。甚至成人在這些節日裡也要拜訪他們的拉比。聖經時代就已經盛行這種習俗了。[49]這表明了猶太人對教師的高度尊重。

成人教育

有足夠證據表明第二聖殿和坦拿時期的公眾一直享有成人教育。事實上，提供成人教育的部門和機構爲數不少。以下將檢視其實行的各種方式。

聖經〈以斯拉記〉和〈尼希米記〉中，提到以色列的領袖們在耶路撒冷的公眾集會上告誡人民要改正惡行。這些集會上有時要誦讀摩西五經的部分內容。此時也會給出解釋，這樣人們才能完全理解所讀內容。[50] 同樣，在聖殿裡的某些特別儀式上，大祭司和國王要向聚在那裡的大批群眾誦讀妥拉經卷的若干章節。[51]

更常見的成人教育方式是在會堂裡誦讀聖經。自以斯拉的時代起，這樣的誦讀一週進行四次；兩次於週六，分別在早晚的儀式上，週一和週四早上各一次。[52]每當節日、齋戒日及月朔（Rosh Chodesh）也要進行誦讀。指定誦讀的內容是摩西五經中的最少十節。經常要讀的多出不少。每次誦讀規定要有十名成年男子參加。每節用希伯來語原文誦讀，並要譯成當時的口語亞蘭語。[53]這些儀式上也常要誦讀並翻譯諸先知書中的某些章節。這樣即使未受過教育的人也能很快獲得一些猶太學識。人不可對律法一無所知。斐羅稱會堂主要是講解「樸素哲學」和教導各種美德的「訓誨之所」，此言不差。[54]此外，甚至這個時代會堂裡的儀式也是有教育作用的。禮拜儀式尚未完全固定，也沒有預先安排，因此會眾領袖就可以在主持儀式時，大爲發揮自主決斷能力。這樣安排爲的是讓人們更專心於整個禮拜儀式。它也在更爲華美和虔敬的禱告中創造出一種溫和的對立。

此外，每逢節日拉比們就在會堂做公開演講，解說與正在慶祝的節日相關的所有律法。因爲很多律法與逾越節有關，所以節前三十天裡要舉行好幾次這樣的演講。[55]

此外，坦拿時期的拉比們每個安息日都要向大眾布道兩次，一次在週五晚間的禮拜儀式上——或者稍晚一些，另一次在週六早間的儀式上。[56]這些布道通常有很多人來聽，它們有兩重目的。首先是教育作用。人們得到關於律法的詳細講解。其次，它們要在情感上激發人們去獲取更多關於律法的知識，並且更努力遵守它。

成人教育廣泛流行於猶太人之間。每個猶太人都知道，神聖的律法要求他在生活中每天都要學習妥拉。結果是每個人——甚至匠人和勞工——每天都要拿出部分時間來學習。經常兩三個人商量好去一個人家裡或者會堂裡一起學習。有時十個或十幾個人也會自己組織成一個課堂，找老師來帶著他們學習和討論。智者們講述這些事例，為的是強調個人以及小組研習的重要。以下為例：「若兩人同坐，談論律法的字句，則神臨在他們之間……即便一人獨坐而專心於律法，上帝也確定給他回報……若三人同桌而食，席間談論到律法的字句，那便如同他們在上帝的桌旁宴饗……若十人同坐而專心於律法，則神臨在他們之間……」[57]

成人教育還以另一種方式施行。自雅比尼學院的看門人被取消之後，[58]就允許成人進入學院，坐在年輕學生後面的地上聽課。[59]許多人經常靠著這樣上課的方式獲得了高等教育。

1 〈論公會補述〉，第七章第一節：「拉比優西說，最初，以色列國中並沒有辯論。鑿石之屋中的七十一人法庭……在安息日及節日只進入聖殿山上的學舍……」。又見〈論住棚節〉53a。

2 《論最後一道門補述》（Tosafot, Baba Batra）21a。

3 見米示拿〈經卷〉（Megillah）21a：「一位坦拿智者說：（公眾誦讀）妥拉並不是這樣……拉比們教導說：從摩西到迦瑪列時代，他們只是站著學習妥拉……」但是邁蒙尼德（Maimonides）認為以前教師授課時都是坐著的。

4 〈論婚書〉第四章第六節；〈論公會〉第四章第三節和第四節，拉希（Rashi）：〈論素祭〉82b。亦見 Schürer 論「公會」一章。

5 關於古今文獻，見《希伯來語百科全書》（*Hebrew Encyclopedia*）「Ozar Israel」的 bet hakeneset 條目。

6 例如，見〈論節日獻祭〉15a：「拉比們教導說：曾經發生過……他把他帶到一所學舍，對一個孩子說：『告訴我你（今天所學）的章節』……他把他帶到另一所會堂，對一個孩子說：『告訴我你（今天所學）的章節』……」

7 G. H. B. in Cheyne's "Dict. of the Bible," art. Educ.

8 這無疑是對米示拿文獻〈論安息日〉第一章第三節最簡單的解釋了。又見〈論疑妻行淫〉49a：「文士似會堂職員」。關於其他解釋，見莫里斯的《猶太學校》一三六—一三七頁。

9 耶路撒冷他勒目〈經卷篇〉（J. T. Megillah）第三章第一節。比較〈論婚書〉105a。又見「Ozar Israel」之 bet sefer 詞條。

10 〈論節期中的日子〉16a and b。

11 〈論安息日〉127a。

12 〈論齋戒〉23b。

13 耶路撒冷他勒目〈論逾越節〉第一章第一節。

14 比較〈先賢篇〉第五章第二十一節：「五歲習聖經」與〈論最後一道門〉21a：「而年滿六或七歲的孩子都要帶去（教師那裡）」。

15 見流散之井論〈知識導師〉（Yoreh Deah）245, 12，這裡他由坦拿文獻做出上面的推論。

16 〈論許願〉37a；〈論安息日〉第一章第三節。

17 米示拿〈論節日〉（Betzah）21a；〈論住棚節〉53a。

18 由〈論住棚節〉53a和〈贖罪日〉35b明顯可知早期是在下午授課。後來發生的改變可以從〈論逾越節〉72b 和〈論節日〉21a 推測出來。此外，有趣的是，有些學院甚至在週五下午也授課。示瑪雅和亞伯泰利翁的學院（見〈贖罪日〉35b）和亞基巴拉比的學校（見〈論逾越節〉109a）裡可能就是這樣。

19 高等學院學生的人數在上一章中有討論。

20 〈論最後一道門〉21a 及其註釋。

21 這部分解釋了〈論離婚訴狀〉58a 中引述的傳統：「每名（教師）前面有四百名學生」。

22 〈論公會〉2a 和 3a。由利未記拉巴（Rabbah, Leviticus）第二章中為人所熟知的敘述可知，幾個世紀之後已不再是這個比例：「一千個人開始學聖經，他們中一百個能學成；一百個人開始學米示拿，他們中二十個能學成；二十個人開始學他勒目，他們中十個能學成。」

22a Legat. ad Cajum, 31。

23 見前註20以及正文。

24 關於此事的詳細討論，見李奧波．格林華德拉比的著作《以色列、巴比倫及諸流散地》第一章。

25 〈先賢篇〉第四章第五節。

26 耶路撒冷他勒目〈論許願〉第四章第三節。又見〈論頭生〉29a。

27 〈論婚書〉105a。

28 同上，105a 和 106a。

29 〈論最後一道門補述〉21a 及其他註釋。

30 〈論婚書〉50a。

31 〈先賢篇〉第五章第二十一節。

32 見 Graetz, II., pp. 356-361。

33 〈論聖化〉30a；〈論祝福〉28a。

34 《生平》（*Vita*）第二節。

35 〈論住棚節〉29a。

36 〈箴言〉第十三章第二十四節。

37 同上，第九章第八節。又見〈申命記註釋〉第一章第一節；〈論估價〉16b。

38 〈論鞭笞〉（Makkoth）第二章第二節。

39 見〈論住棚節〉28a，以及耶路撒冷他勒目〈論許願〉第五章第七節。

40 〈論婚書〉103b；

41 〈先賢篇〉第二章第八節。

42 見本書第三章中「學校制度的發展」一節。

43 〈先賢篇〉第二章第五節：「教師不可是沒有耐心的人」。

44 〈論聖化〉第四章第十三節。
45 〈論逾越節〉66a。
46 〈先賢篇〉第四章第十二節。
47 〈論鞭笞〉10a。
48 〈論疫病補述〉（Tosef. Negaim）第八章第三節。
49 〈列王記下〉第四章第二十三節。
50 〈尼希米記〉第八章第八節。
51 〈贖罪日〉第七章第一節；〈論疑妻行淫〉第七章第八節。
52 〈論第一道門〉82a。
53 〈經卷篇〉第四章第四節。
54 《摩西生平》（*Vita Mosis*）第三章第二十七節。
55 〈經卷篇補述〉第三章第二節。
56 〈論離婚訴狀〉38b；耶路撒冷他勒目〈論疑妻行淫〉第一章第四節。
57 〈先賢篇〉第三章第二至六節。
58 見前一章末。
59 Graetz, II., p. 361。

公元前五三八年，波斯帝國皇帝居魯士允許猶太人返回耶路撒冷重建聖殿。第二聖殿於公元前五一六年建立完成。此圖為十五世紀法國畫家讓．富凱（Jean Fouquet）的作品。（圖片來源：Jean Fouquet/Public domain/Wikimedia Commons）

在法國新古典主義畫家詹姆斯·提索（James Tissot, 1836—1902）畫筆下的第二聖殿。由於公元前一九年，大希律王開始了大規模的整修和擴建第二聖殿，因此又稱為希律的聖殿（Temple of Herod）。（圖片來源：James Tissot/Public domain/Wikimedia Commons）

古猶太議會的插圖。在組諳時期議會是由七十位賢士所組成。（圖片來源：People's Cyclopedia of Universal Knowledge /Public domain/Wikimedia Commons）

米示拿考夫曼抄本（Codex Kaufmann），年代約為十一世紀，為現存包含了完整米示拿文本中最古老的抄本。有專家認為源自巴勒斯坦，也有認為是義大利。（圖片來源： Public domain/via Wikimedia Commons）

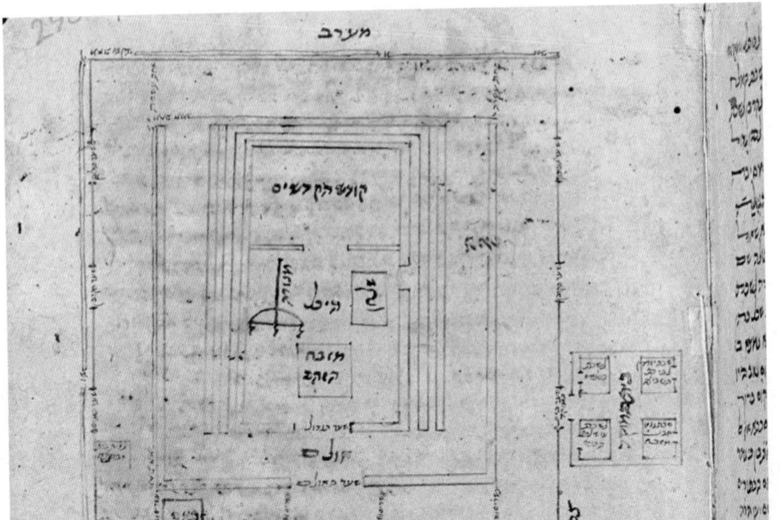

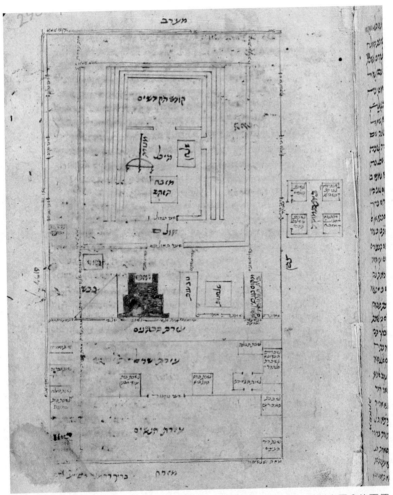

此手稿（約 1167 年）包括了猶太哲學家邁蒙尼德（1135-1204）針對米示拿的兩個次序〈民事侵權行為〉和〈聖物〉的註釋，以猶太－阿拉伯語寫成。圖中所見為聖殿的平面圖。（圖片來源：Maimonides (The Jewish Museum)/Public domain/via Wikimedia Commons）

亞歷山大哲學家斐羅（公元前 20 －公元 50 年）是猶太人中精通希臘哲學的代表人物。（圖片來源：André Thévet/Public domain/ Wikimedia Commons）

古代猶太史家約瑟夫（公元 37—100 年）。在其作品《猶太古史》裡自詡十四歲時就精通律法。（圖片來源：By William Whiston/Public domain/via Wikimedia Commons）

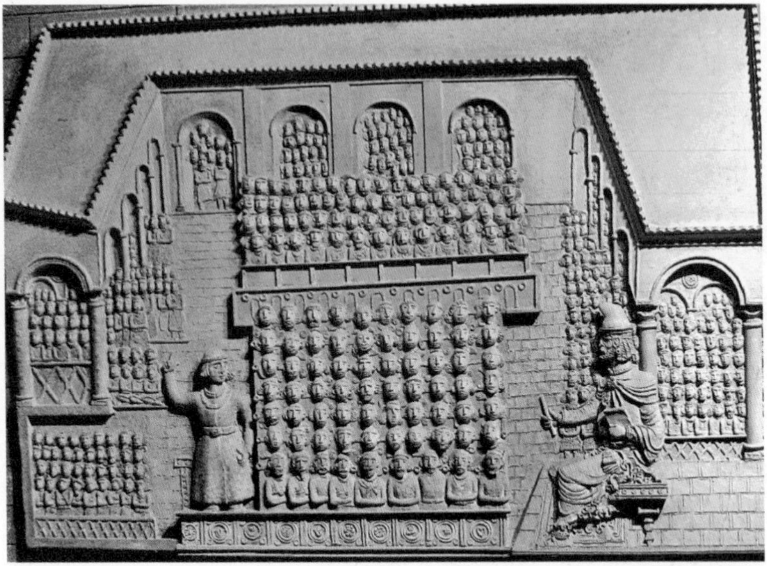

描繪阿胥拉比（Ashi, 352 - 427）在蘇拉學院（Sura Academy）教學情景的浮雕。阿胥是蘇拉學院的院長，也是其中一位主持編纂巴比倫他勒目的拉比。（圖片來源：Sodabottle/CC BY-SA 3.0）

位於以色列馬薩達的妥拉研習室遺址。（圖片來源：Kat Sniffen/CC BY-SA 2.0）

一幅出自菲利普麥都思典藏（Phillip Medhurst Collection）的聖經插畫，描繪〈申命記〉第二十五章第九節的情景：「他哥哥的妻就要當著長老到那人的跟前，脫了他的鞋、吐唾沫在他臉上，說：『凡不為哥哥建立家室的，都要這樣待他。』」。猶太律法允許一夫多妻制，也有娶兄弟的遺孀的習俗，米示拿的〈論叔娶寡嫂的婚姻〉中有相關論述。（圖片來源：Philip De Vere/CC BY-SA 3.0 ）

猶太畫家莫理奇．高特理伯（Maurycy Gottlieb, 1856-79）的作品《贖罪日》（*Yom Kippur*）。贖罪日為猶太節日中最神聖的日子，當天會全日禁食和恆常祈禱，在米示拿的〈論聖日〉中有相關論述。（圖片來源：Maurycy Gottlieb/Public domain/Wikimedia Commons）

波蘭猶太裔畫家塞繆．荷申伯格（Samuel Hirszenberg）的作品《他勒目編纂者學院》（*School of Talmudists*），描繪幾個年輕猶太男子在研讀他勒目。十四世紀開始有大量猶太人移居到波蘭，當地猶太人的教育仍然沿用初等到高等的體制，課程核心仍然是他勒目。（圖片來源： Zorro2212/CC BY-SA 3.0）

V 教育的內容

初等教育的內容
中等教育的內容
高等教育的內容
學校體系之外的教育活動

初等教育的內容

不同於正式的行政組織，猶太初級教育的材料在整個第二聖殿與坦拿時期相對單一。這內容就是所知的**米刻拉**，即閱讀。這裡主要提到是聖經的閱讀與學習。在初等教育建制之前，父母在他們閒暇時間教育孩童。學習的課程在這條件下延續，並且沒有學生在十六歲以前被接納進中等學校。至於小學的組織，這早期教育通常在四年完成，如同先前所言。

米刻拉究竟包含什麼？簡要來說，它包含聖書的學習：摩西五經、先知書以及聖卷。根據多數歷史調查相信，大約在文士時期結束，這些書卷已經存在。甚至在第二聖殿時期初始之前，就已經有了摩西五經與多數的先知書以及聖卷。在此討論這些在猶太歷史時期形成的初等教育。晚期的書卷〈以西結書〉（Ezekiel）、〈小先知書〉（Minor Prophets）、〈但以理書〉（Daniel）、〈以斯帖記〉（Esther）、〈以斯拉記〉、〈尼希米記〉以及〈歷代志〉（Chronicles）被納入課程中。[1]然而，主要被一直強調的是摩西五經，它記載著猶太人必須時常遵行的神聖律法。

起先，孩童被教導希伯來文單字。他被要求認出每個字母的名字。接著，他們需要辨認完整的單字。透過掌握一些閱讀練習，小孩就被引介進入摩西五經的學習中。根據幾個後坦拿時期的文獻，[2]孩童開始學習摩西五經並非從〈創世記〉開始，而是從〈利未記〉。不幸的是，我們並沒有任何坦拿時期的文獻記載來證實這件事。我們只在同一個資料來源進一步得知，亞基巴拉比在開始學習希伯來文與精通字母時，是從〈利未記〉開始的。這傳統在坦拿時代似乎十分盛行。

這傳統需要一些解釋。爲何拉比會主張一開始讓孩童放棄能引發想像力的〈創世記〉，而讓他們一開始便接觸那卷處理有關聖殿獻祭的〈利未記〉？拉比提出的原由是，「因爲孩子是純潔的並且將獻的祭牲也是純潔的，讓純潔（的孩子）前來並且投入到純潔（的祭牲）的學習裡」。但這理由似乎不夠充分。顯然地，它試圖以說教的方式來解釋這長期確立的傳統。由許多現代作者（如莫里斯）所提出的解釋也同樣站不住腳。[3] 就連莫里斯的解釋也是不足的。他說：「它的起源必須追溯到後聖殿時期——可能在巴爾·科赫巴的失敗之後……摩西五經的章節裡那些已經不再採用的獻祭，有可能被全面遺忘的危險。所以孩童被安排以『祭司之法』作爲學習的開端，用以保障該部分的聖經在群體的宗教生活中享有榮耀的位置。」這解釋似乎意味著，如果拉比擔心孩童在初等學校階段無法完整學習五卷摩西五經，自然可預見的是，拉比會優先選擇那些孩童在他們成年後需要遵守的律法。此外，這裡沒有任何證據顯示這種憂慮。另一方面，我們知道孩童被期待在初等學校階段，連同獻祭一起，在沒有優先順序下完成摩西五經的其他部分的學習。沒有比芬克爾斯坦的書所提出有關亞基巴拉比讓人更滿意的解釋了。他解釋這傳統源自於一些祭司，根據他的說法，就是那些第二聖殿時期的教師。首先，在第二聖殿時期初等教育主要是父母的事情。也沒有任何證據顯示初等學校一般的教師就是祭司。其次，為何祭司需要建立這個傳統？引導孩童先學習有關造物者、祂的選民、祂的啓示，以及西奈山上祂的誡命這些概念，之後讓他學習祂的獻祭這不才是合理的程序嗎？

筆者並不相信這傳統源於第二聖殿時期，或者是只有在巴爾．科赫巴被擊敗後。第二聖殿時期，開始學習摩西五經的孩童會按著摩西五經的傳統順序，先從第一卷書〈創世記〉學起。新的傳統在提圖斯毀滅聖殿時就立即開始。為了使民族獨立與在耶路撒冷重建聖殿的希望不凋零，這改變是由以色列的精神領袖所建議的。在早年藉由學習〈利未記〉入門，使孩童了解到以色列失去的光榮，以及聖殿在維繫猶太生活的重要意義。透過這方法，猶太人的盼望得以存活在處於易受外界影響的年齡的孩童心中。這似乎才是此傳統建立的眞正理由，但顯然公然展示這種心態卻是不智的。儘管如此，拉比們所說的學者與知名的愛國者亞基巴，他的學習是從〈利未記〉開始則非常恰當。

總的來說，聖經的教導並不是件簡單的任務。由於希伯來文並沒有任何母音，孩童需要熟悉單字與文章脈絡的意義。由於許多希伯來文單字輔音拼寫相同，但是不同的發聲就會產生不同的意義，因此在閱讀上後者能有助理解。由於大多數的人都懂亞蘭語，因此孩童就被教導如何將文本翻譯成亞蘭語。在亞歷山大，他們將希伯來文翻譯爲白話，一種希臘的方言。亞歷山大哲學家斐羅，由於經常在著作中引用七十士譯本（Septuagint），所以有些學者就懷疑他是否眞的以希伯來文去認識聖經。這些學者忽略的是，事實上斐羅是爲非猶太人以及猶太人而寫，於是他認爲七十士譯本更符合他的目的。然而，相信在亞歷山大的猶太學校並沒有以希伯來文講授聖經，是不合理的。

孩童不僅被要求需要知道希伯來文字的翻譯，而且需要熟記篇章中的段落。因此，我們發現孩童經常被他們的長老要求引用他們在學校課堂上學習到的聖經章節。[4] 在當時來說，翻譯並不是嚴格地按照字義進行，而往往包含對文本的說明性解釋。其證明引自古代的他爾貢（Targumim），即亞蘭語的聖經譯本，其中大部分仍被保存下來且經常加入註記。約瑟夫在其作品《猶太古史》裡，針對聖經中的某些事件和戒律也加上了很多註釋，很可能是採自當時學校所給的解釋。

大多數的歷史學者認爲，在聖經時期與後聖經時期的猶太人當中，書寫並非一種常見的學問。當代一位作者甚至主張坦拿時期「初等學校本身並沒有把寫作列爲規則來教導他的學生」。[5]然而，我們現在擁有新的考古證據爲這主題提供大量的新線索。筆者指的是一九三五年二月，在巴勒斯坦泰勒杜威爾（Tell ed-Duweir，即聖經中提到的城市拉吉〔Lachish〕）威康考察（Wellcome Expedition）中的發現。出土的陶片刻有希伯來文，通常被稱作拉吉陶片銘文，已經無疑地確認爲是屬於耶利米先知的時代。不同於過去所相信的，這些陶文顯示在大先知的年代書寫是非常流行。書寫不限於先知們的講論，這些講論被視爲具有超越他們世代的訊息傳遞。它不只限於神聖的用途和爲皇帝的編年史作者所用；也不是唯一的文士先知與祭司所使用。拉吉陶文的內容，承載了一些由僕人爲主人書寫的訊息。其中某些是爲了回應之前主人所寫的書信。因此，書寫當時被用於一般的溝通。出土陶文中的書寫體進一步顯示即使在第一聖殿期末，書寫技術已有著高度的發展。無疑地，孩童從他們的父母那裡學習閱讀希伯來文，也包含書寫。更早之前發現屬於公元前五世紀的伊里芬丁蒲草紙（Elephantine Papyri），證明了當亞蘭語成爲猶太人的母語時，有著類似的情況。當書寫常見於初等教育而成爲定制時，或許也可以推論一個給予初等教育老師的名稱——**文士**——也源於此。只有一種書寫不是那麼廣泛流傳，就是使用於聖卷，即承載摩西五經內容的特殊書寫形態。

爲編寫課本的緣故，聖經被書寫在不同的經卷提供孩童學習。摩西五經分別被書寫在五個卷軸上。有些老師甚至希望透過再細分這些書卷來簡化教學練習。然而，官方對於這種細分應被允許與否意見分歧，[6]所以一般現狀便持續實踐。由於當時抄本的數量不足，因此通常是幾個孩童共用一本課本。

儘管聖經是初等教育的主要內容，孩童依然被教導許多與此主題關聯的知識。需要記住的是，聖經不只是被當成文學來教導。它是被當成生命之書（Book of Life）來教導，其原則和戒律是神聖的。宗教、倫理與道德因此成爲課程中最突出的主題。這些課題的知識與實踐都至爲重要。爲人所知的次經（Apocrypha）與僞經（Pseudepigrapha）中的格言與故事，常成爲教師用作爲例證與道德教化。[7]自從拉吉陶片文與伊里芬丁蒲草紙的內容顯示了古典希伯來文與亞蘭文有著高度的書寫形式，我們就能證明孩童有被教導學習文法與寫作，很可能並非作爲獨立的科目，但確實和閱讀與書寫相關。同樣地，一些算術元素、地理學與歷史很可能與聖經閱讀合在一起來教導。孩童也被教導和要求熟記會堂的某些祈禱文。在升上中等學校之前，學生透過對聖經的知識以及對一些歷史事實的掌握，由此學會計算猶太曆法。孩童透過學習聖經甚至能精通希伯來語。因此，在初等教育中米刻拉確實是無所不包的學科教材。

如果缺少對學前階段的陳述，那麼我們對初等教育內容的討論就會不完整。傳統上當孩童一開始學會說話時，他的父親便會教他背誦一些聖經詩節，當中通常是**示瑪**：「聽啊！以色列，上主我們的上帝，上主是一。」這段經節被理解成一個純粹一神信仰（monotheism）的認信。[8]所以當孩童達到許可年齡時，隨即開始遵守各種的傳統習慣。他也同時被教導遵守一些清潔與健康相關的衛生規矩。當孩童可以牽著父親的手從耶路撒冷上到聖殿山時，他就被允許在三大節期逾越節、五旬節及住棚節時進入聖殿。[9]在假期來臨前，孩童由他的父母告知即將到來的節期的意義。當他年長一些時，就被要求需熟記節期儀式裡的部分內容。[10]透過這些方式，許多猶太知識與習俗的眾多元素，早在他們進初等學校接受正式教育前，就已經深植在孩童年幼的心智。

中等教育的內容

在坦拿時期**米示拿**就是指中等教育，高等教育則被稱爲**他勒目**或**米大示**（譯註：即拉比的文字著作，內容包含拉比對於口傳妥拉及成文妥拉的詮釋與註解），初等教育則是先前提到的**米刻拉**，有爲數眾多的坦拿時期的陳述，都能被引爲證據。由於分類對於理解猶太教育體系而言是十分重要，因此共有三種古代文獻引用於此。第一，來描述人生不同階段的米示拿說：「五歲時就是該學米刻拉的年紀，十歲就學習米示拿……十五歲時學習他勒目。」[11]此陳述顯示這三個學習階段通行於發言人所處的時代。其次，在巴萊他提供我們所有約哈難·本·撒該教授科目的細節，並按順序排列「米刻拉、米示拿，及他勒目」。[12]這顯示當時他首先完成了這三個階段的學校課程。在後期引言中所提及的其他科目，都與該三個階段的細節無關，又或者是那些通常不在定期規畫內，然而還是包括在這位希列門徒的教育裡面的主題。第三，他勒目曾經記載過在拉比時代當發生飢荒時，他打開自己的穀倉並說：「讓那些精通米刻拉的進來，還有那些精通米示拿和精通他勒目的也進來……」[13]這就爲坦拿時期提供了三階段教育，分別是米刻拉、米示拿和他勒目的證據。

有些學者提到了**米示拿**一詞在詞源上的意思是「第二」。用作爲陽性代詞時，確實是這個意思，且被頻繁地使用於聖經之中。因爲它是「第二」個出現或者緊接著**米刻拉**，所以能宣稱**米示拿**意指中等教育。同樣地，革馬拉的希伯來詞源是「完成」的意思（在後期取代了**他勒目**這個字），這些作者認爲學習革馬拉，一個人就算完成了他的學校教育，所以他們宣稱**革馬拉**是用來指高等教育。這些觀點很有意思，但是它們似乎不符合歷史的準確性。米示拿是從字根 shanah 衍生而來，意思是「重複」。不同於米刻拉以書寫爲核心，米示拿是透過不斷複誦而記憶下來的口傳律法。希伯來語單字坦拿（Tannaim 爲複數）是由亞蘭語相對應的字根 tena 所衍生，指的就是一位師傅他的說法被記錄在米示拿或是在當代的律法文書中。米示拿提到口傳律法的收集，是由卓越的尊長猶大拉比在坦拿時期結束之際所作。[14]

古早的米示拿是由什麼構成的，或者在第二聖殿時期與坦拿時期中等教育的內容是什麼？一個人必須非常謹慎來回答這個問題。在那時米示拿以口頭傳授，沒有確切的文獻作爲事證存在，我們也不能拿出今天米示拿的文本，視它作爲數個世紀之前中等教育的例證。在謹愼的研究與古代文獻的爬梳後，得出以下的結論。

當一個孩童在初等學校完成聖經卷後，他並沒有中斷聖經的學習。相反地，在中等學校孩童繼續更勤奮、更仔細地學習聖經。在研習摩西五經方面更是如此，因爲一些新的主題被加入進去。每當涉及律法問題，在課堂上會閱讀到一個部分時，教師會依據傳統針對特定律法的所有細節，以口述的方式做概要介紹，而孩童被要求把它們記下來。舉例來說，當課堂上讀到聖經節，「第七日是向耶和華你神當守的安息日……無論何工都不可做」，[15]教師就會誦讀「工作主要的分類接近四十種：播種、耕作、收穫、綑紮麥綑、打穀……拿出任何東西從這到那」，「如果任何人用他的左手或他的右手從他的懷中或是在肩膀上拿出任何東西的話，他該受懲罰」，「如果有人進到公眾場所拿出一塊麵包的話他該受懲罰；如果兩個人將麵包拿出來他們並沒有犯罪」，「如果有人建造任何東西（在安息日），他必須建造多少才算爲有罪？那些建造任何東西的人是有罪，或者那些鑿石，或揮舞槌子，或者鑿穿鑽孔的人，都算是有罪的。普遍的法則是：如果一個人在安息日工作，而工作是持久性的，他便有罪」，「無論在耕種任何東西的人，或除掉雜草的人，或者剪掉枯葉或李子者，都算爲有罪」，並且「那些寫下兩個字母，不論用他的左手或右手，不論是相同或不同的字母，不論是使用不同墨水或是不同語言的，這人都算爲有罪」。[16]有關聖經律法的許多細節，都包括在教師的解釋當中。

引用另一例子，當課堂上研習聖經節時「七月初一日……是你們當守爲吹角（the shofar）的日子」。教師就會做出解釋，並且讓學生們熟記所有特定律法的細節，以接下來的例證說明：「所有的號角都是牛角的有效保存，因爲它是一根『角』」，「號角（在聖殿中吹）在新年用野山羊（的角製作），要直，並且在吹口處要以黃金覆蓋」，「號角如果已經裂開而再黏合起來都無用」，而且「吹奏的方法則是三聲（一個持續音，一個顫音，接著再一個持續音）三次循環。持續音是顫音的三倍長，顫音是歎音的三倍長度」。[17]同樣，當中等班級學習到聖經禁令時，「你吩咐以色列人說：你們過約旦河，進了迦南地，就要分出幾座城，爲你們作逃城，使誤殺人的可以逃到那裡。」此律法的細節大致被教師這樣子來呈現：「這是普遍的法則：他（造成死亡者）在其敗落過程期間必須逃走流亡，否則他便不需要流亡」，「父親爲著兒子的緣故，或兒子因父親的緣故需要逃走流亡」，並且「他們可流亡到哪裡？向逃城；三座在約旦河之外或是三座在迦南地的逃城……約旦河之外的三座城不發放避難許可，直到以色列地三座逃城被揀選爲止」。[18]在第二聖殿與坦拿時期，這種論述模式是米示拿的重要特質。在背景上，它近似於坦拿著作，梅歧爾塔（Mekilta，譯註：指的是猶太教的解經原則）、師符拉（Sifra，譯註：希伯來文指「書」，是一種猶太教對〈利未記〉的註解」）、師符纍（Sifre，譯註：書的複數，指的是猶太教關於聖經的註解），都是以摩西五經經文爲基礎；但是其內容和簡明性都較近似於尊長猶太拉比的米示拿，並且更接近於古老的禁食經卷（Megillat

Taanit）。[19]

大約於公元二〇〇年被拉比節選修訂的米示拿，有著不同的編排。他編纂與摘要所有先前通用的米示拿，並且將它們分為六個主要次序或部分：種子、節期、婦人、破壞、聖物和潔淨。每個部分再分成各別的論集或者是書，共計六十一卷。[20]每部書處理某些特定的律法，並且分成許多章回與段落。米示拿以新的希伯來文寫成，記錄所有傳統的口傳律法以及簡要的說明、爭論，以及拉比的其他話語，這些說法都經過研究和細慮後，才收錄在他的權威性作品中。米示拿是否眞的爲猶大拉比所著仍具有爭議。即便如此，這部偉大的法典在幾個世紀以來成爲中等教育的標準課本。

從表面的檢視前述的舊傳統，似乎有些複雜。這傳統影響了米示拿今日擴展的六項次序，那是由猶大拉比時代已存在的六百或七百項條文所濃縮而成。[21]然而，想到摩西五經包含了六百一十三條律法，[22]而在當時每條聖經律法都承載其自有的次序，或部分的**米示拿**，那麼傳統的重要性是顯而易見的。

除了學習與熟記**米示拿**之外，孩童也在中等學校被教導聖經中非律法部分的傳統。很可能孩童被要求按照坦拿時期其中一部作品《塞德．奧蘭》（Seder Olam，譯註：指世界的秩序）的次序，來計算與熟記猶太人民歷史的紀年法。由於妥拉律法五花八門的細節涉及許多科目，因此孩童也需要熟悉他們那時代的已知的數學和科學。例如，透過學習有關被許可與被禁止食物的律法，以及那些玷污不符合聖殿裡獻祭規範之動物的相關律法，孩童可以從中學習到一些生物解剖、生理學、動物學以及醫藥學。同樣地，爲學習計算猶太曆法，孩童也必須熟習一些數學與天文學的要素。當孩童學習適用於混合與栽種種子的律法時，也會獲得一些植物學與農業的知識。一些建築學的要素也會透過孩童學習建造會幕與聖殿相關的律法時，介紹給他們。[23]雖然這些科目從不會直接被學習，它們還是會與教育的最主要內容——妥拉，律法——相連結。

高等教育的內容

前面談到高等教育的內容稱為**他勒目**或**米大示**。當這兩個名詞用於第二聖殿和坦拿時期時，它們眞正的意義是什麼？

就像前面談及的米示拿一樣，這問題呈現許多困難，尤其事實上這些專有名詞如今都有了十分明確的涵意。他勒目一詞現在應用於由米示拿與革馬拉所結合的作品裡；後者專指阿摩拉（編註：Amoriam，單數為Amora〔h〕）對米示拿的討論。阿摩拉，即傳講者，是稱呼猶太人中有學問的師傅的常見名稱，那些人活躍於米示拿結論形成的時期，約是在公元五世紀末。事實上，他勒目有兩部：巴比倫他勒目，它主要記錄巴比倫學者的註釋；巴勒斯坦他勒目（或稱耶路撒冷他勒目），編纂時間至少早於巴比倫他勒目一個世紀，基本上著重於巴勒斯坦地區文士的討論。米大示這名詞如今專指現存的拉比文集，當中主要包含有關聖經中非律法部分的詮釋和註解，編纂時間遠比米示拿晚許多。因此，當談及早於**米示拿**編纂完成數世紀前的猶太教育時，**他勒目**與**米大示**便具有不同的意義。

米大示一詞，通常被翻譯為「學習」，希伯來文最原始的意思是「查出」、「調查」或者「闡述」。在聖經〈以斯拉記〉中提到「以斯拉定志『考究』（derosh）遵行耶和華的律法，又將律例典章教訓以色列人」。[24]因此，**米大示**意味著聖經的「解釋」。接下來可以作為說明：「這是以利亞撒・本・亞撒利雅拉比的**闡述**（darash）：『要為你們贖罪、使你們潔淨。你們要在耶和華面前得以潔淨、脫盡一切的罪愆。』──這個罪愆是在人與上帝之間，贖罪日的贖罪就產生功效；但如果這是在人跟他同伴之間的罪愆，贖罪日的贖罪只有在他與他同伴和好時才產生功效。」[25]這課是從聖經節「在耶和華面前」的闡釋。因此這是米大示的其中一例。

這類型的教育論述是如何在學校中繼承的？摩西五經的進一步研究在高等學院中被孜孜不倦地追求。此時學生已經完全熟習成文律法，以及附屬於每個科目相關的口述傳統。他們被要求再一次複習文本，和研究、細想每個單字與字母的意義。聖書中所有的事物，都被認爲是深具目的及意味深長。某些釋經原則被運用在那些已經被完全闡釋的文本。希列列出了七種這類的釋經原則，後來又陸續添加其他的。[26] 透過這方法，學生會發現多數米大示的口傳傳統其實都是文本裡所固有的。同樣地，透過發現一些潛藏的原則，他們可以擴展律法的新細節。如果這些說法可以被多數的大學接受，他們就會把這些加進自己的**米示拿**。經過一段時日後，透過中等學校，這些說法會滲入到原先在那裡所教授的米示拿。因爲這緣故，在不同時代和不同學校，與米示拿相關的科目內容便會有所不同。實行的結果，按照晚期的材料顯示，拉比在編纂他的米示拿時一共就用了十三種不同版本的口傳律法。[27]尤其是在坦拿時期，通常這些增加說明都會冠上原作者的名字，在米示拿裡充滿了大量這種例子。有時互相衝突的觀點也被收入。在其他時間，高等學院的討論產生與米示拿的傳統律法相反的結論。在這種情況下，兩種律法的版本都會得到一些這樣的解釋：「它是否最初被米示拿所禁止，但後來由公會所教授……」或「在這些討論後，某某拉比這樣說……」。[28]高等學院裡研究的方法往往是以完全相反的順序進行的。某人會把一條有關律法的實際問題帶進高等學院內，並尋求指引。如果米示拿並沒有包含明確的解答，這問題就會變成高等學院內眞正的難題。一個答案必須被找出來。然後，爲了發掘米示拿中是否有其他已經涵括的問題可以相較，這難題必須被仔細分析。如果沒有這種案例，那接下來嘗試透過聖經經文的解釋跟註釋，直到得出一個多數在場者都滿意的解答。這個研究方法特別被用在雅比尼，[29]那裡的高等學院是與公會合併在一起。

如同中等學校一樣，高等學院的學科內容被學生所牢牢記住。這些課程被完美地掌握，透過梅歧爾塔、師符拉與師符纍傳承下來。有一些舊米大示的觀點眞實且精準，也可能在米示拿、他勒目中引述的米示拿、土西他（譯註：Tosefta，從亞蘭語來，意思是「補充與增加」，指猶太口傳律法的彙編，完成於公元第二世紀晚期米示拿時期）、巴萊他。然而，不幸地多數已經失傳。

既然摩西五經涵括了律法以及非律法的題材，米大示應可被分爲兩類：哈拉卡（Halakah，譯註：希伯來文意思為「行走或去」，是猶太宗教法的集成，是成文與口傳律法的分支。是建構在聖經律法與誡命之上，是他勒目、拉比律法以及傳統習俗之後的集成）與哈加達（Haggadah，譯註：希伯來文的意思為「傳說」，用來傳述逾越節規定的猶太文本）。米大示哈拉卡（Midrash Halakah）包含處理律法問題的文本解釋，而米大示哈加達（Midrash Haggadah）則關注文本中非律法的部分。[30]於是整個摩西五經在高等學院裡面都被詳細論述了。古代米大示哈加達相對而言被保存得很少。不過，如果我們刪除哲學性的教義（多數來自柏拉圖），並且嘗試更深入地去理解文本，從斐羅的作品中還是可以找到一個好的例子。被坦拿保留下來的殘餘，已足以證明它比米大示哈拉卡龐大。接下來從米大示哈拉卡提供的例證中，看到在高等學院內的論述：

你要吃無酵餅七日。一段聖經說：「你要吃無酵餅七日」（〈出埃及記〉第十三章第六節），同時另一個段落說：「你要吃無酵餅六日」（〈申命記〉第十六章第八節）。這兩個段落如何可以同時保持？第七天包含在更廣泛的陳述裡面，然後被從中取出。現在它從一個更廣泛的陳述中被獨立出來，就意味著要教導我們從那完整的陳述中學習某些事情。於是如同第七天是非強制的，所有其他的日子也是可選擇的。不過，也許就如同第七天是非強制，所以其餘甚至連第一天的晚上也涵括在內的天數是否也是可選擇的？聖經說：「從正月十四日晚上，直到二十一日晚上，你們要吃無酵餅」（〈出埃及記〉第十二章第十八節），將第一天晚上要吃無酵餅定為應盡的義務便能解決此問題。因此，如同後者版本那樣，你就不可能提出爭執，但如同前者版本那樣你必須提出爭執：第七天已經被包含在更廣泛的陳述當中，並且被獨立出來。所以現在它從一個更廣泛的陳述中被獨立出來，就意味著要教導我們某些有關那完整的陳述，即如同第七天是可選擇的，因此所有其他的日子也是可選擇的。[31]

如此，可以爭辯說吃**瑪索**（matzo），即無酵餅，只有在逾越節的第一晚是強制性的，而在逾越節中其他時日就沒有律法要求，除非那個人眞的想吃。但是，在聖經其他律法中明確規定，猶太人在逾越節期間不許食用發酵麵包。

梅歧爾塔中的另一引言，同樣地可以找到米大示哈加達在大學裡講授的例證。

摩西的岳父，米甸（Midian）祭司葉忒羅（Jethro），聽見……（〈出埃及記〉第十八章第一節）。起初，他們只不過稱呼他為益帖（Jether），如同在這裡所說：「於是摩西回到他岳父益帖那裡」（〈出埃及記〉第四章第十八節）。在摩西履行善事之後，他們在益帖的名字裡加了一個字母，所以他稱為葉忒羅。你也可以在亞伯拉罕（Abraham）的例子裡找到一樣的情況，他原先是叫作亞伯蘭

（Abram）。當亞伯蘭履行善事時，他們在他名字後又加一個字母，他便叫作亞伯拉罕。你也可以在撒拉（Sarah）的例子看到，她原先叫撒萊（Sarai）。但是當撒萊履行善事，他們就加了更大的字母在她的名字中，於是她便叫作撒拉。你也可以看到約書亞（Joshua）的例子，他最初的名字僅是何西阿（Hoshea）。當何西阿履行善事時，他們就加一個字母到他名字上就成了約書亞。如同聖經所說：「摩西就稱嫩的兒子何西阿為約書亞」（〈民數記〉第十三章第十六節）。而也有一些人的名字被拿掉一個字母。你可以從以弗崙（Ephron）的案例中學到，他最早叫以弗隆（Ephrown）。當他從我們的父親亞伯拉罕拿走了銀子，他們就在他的名字中拿走一個字母，並且就稱他為以弗崙。如同經文所說：「亞伯拉罕聽從了以弗崙、照著他在赫人面前所說的話、把買賣通用的銀子、平了四百舍客勒給以弗崙。」（〈創世記〉第二十三章第十六節）。你也可以看到約拿達（Jonadab）的例子，他原先叫耶和拿達（Jehonadab），但是在他來做了他做的事情，他們便拿掉了他名字的一個字母稱他約拿達。在這連結上智者說：讓人永遠不要與惡人有關係，甚至為了把惡人帶來靠近妥拉也不行。[32]

高等學院通常會在聖經文本加上註釋的方式，扼要地說明他們的討論與闡述，例子如下：「**我守喪的時候，沒有吃這聖物**——因此如果他在守喪中進食，他也許就不會起誓（Avowal）；**不潔淨的時候我也沒有拿出來**——因此如果他把不潔的事物拿出，他也許就不會起誓；**又沒有爲死人送去**——我將不用任何事物埋葬或包裹屍體，也不將它們給予其他哀悼者；**我聽從了耶和華我神的話**——我將它帶到祂揀選的聖殿中；**都照你所吩咐的行了**——我感到喜悅並且讓其他人也感到喜悅。」[33] 當時米大示的闡述是如此扼要，讓這些推論顯得毫無道理，如同接下來的例證：「**他**（以色列的君王）**也不可爲自己多立妃嬪**——只有十八個……**也不可爲自己多積金銀**——只能足夠支付（他的士兵的）糧餉。」[34]爲了達成結論，這些高等學院毫無疑問地必須花時間解釋這些聖經的經文。然而，冗長的闡述卻在永久的記錄中省略，學生被要求熟記的只有這些簡略的陳述，預期成爲能合理化假設性結論的所有討論的線索。

我們現在準備好爲兩個名詞「他勒目」與「米大示」下定義，作爲第二聖殿時期與坦拿時期的參考。**米大示**指的是，由高等猶太學院研究裡頭所採用的闡述方法，並且在上述的引言中能充分證明。**他勒目**這名詞更廣的含義是「研究」或「學習」，指的是在高等學院階段時必須被熟記的制式闡述。

在高等教育內容的討論結束前，關於它們在學校課程所涉及的衝突性觀點是必須要提及的。公元二世紀至少有一位學者認爲中等教育學校必須提供米大示的學習。[35]他相信從米大示的學習，學生可以漸漸明白所有律法的細節，就是米示拿的精髓。即便他的觀點在坦拿時代被忽視，但在猶太教育的歷史仍有重大意義，因爲事實上在後面幾個世紀，這個觀點終於盛行於歐洲的猶太學校。它們的孩童一般在剛完成摩西五經的學習後，便會被導入革馬拉的學習。

學校體系之外的教育活動

前面已經提到的，世俗知識並非與初等和中等教育不相干的元素；它甚至在高等學院學習中被很大程度的推行，這點是十分明顯而不用多費唇舌解釋。以下是出自於公元二世紀的一位學者記錄在他勒目的陳述：「一個懂天文學，卻不熱中於學習它的人，對此聖經說：『不顧念上主的作爲，也不留心他手所做的。』」[36]似乎表明了這種世俗知識是被鼓勵的。這種關聯更有趣的是，有幾位學者爲了某些他們在學院裡的討論奠下眞理，在校外實際地進行了一些實驗，這些都被記錄在他們所著的古文獻裡。公元二世紀的西蒙·本·哈拉夫塔（Simon b. Halafta）拉比爲了這緣故被稱爲「實驗者」。他勒目描述他對螞蟻進行一個非常有趣的實驗，爲了驗證聖經主張螞蟻「沒有元帥，沒有官長，沒有君王」是否完全眞實。

這學者也嘗試利用他的手進行實驗手術。有一次他的母雞骨盆脫臼時，他便在母雞身上綁了一根蘆葦管，然後母雞就痊癒了。我們同時也看到有一次他想反駁猶大拉比的理論：拔掉一隻活生生的母雞的羽毛，必然會產生致命的器官疾病，因此牠就不適合作爲食物。西蒙拉比於是就拿了這種狀態的活母雞，以鉛色圍裙包裹，然後將牠放在火爐附近。記錄宣稱，母雞不久後開始長出很多新的羽毛，並且也活下來了。[37] 這學者也以山雞進行實驗。[38] 他勒目進一步提到一位與亞基巴拉比同年代的名人，也是以實瑪利（Ishmael）拉比的門徒，他解剖過一位被國王處死的娼妓屍體，因而發現女人的身體共有二百五十二根骨頭或關節。[39]

雖然那些與妥拉無關的教育問題不被猶太學者所重視，不過仍然有許多猶太人會學習一些在正規學校體系以外的其他科目。學習外國語言提供我們關於此類很好的例子。無可置疑的是，在希臘化時代很多猶太人開始學習希臘文。有些人甚至嘗試學習所有當時流行的語言，總共數量大約是七十種。[40]很多外來語強行植入學校的詞彙裡，且仍然可以在坦拿時代的著作中找到。約瑟夫的證詞非常有趣：「爲了學習希臘文，並且理解希臘語言所有的架構，讓我承受了極大的痛苦。雖然我早已習慣說我們的語言，可是我的希臘語還不能正確地發音；這是由於我們的民族並不鼓勵學習其他民族的語言……因爲他們把這種技能視爲普通的事，而且不是只有自由人在學習，許多奴隸也樂於學習。但是他們都願意證明他是位通曉我們的律法，並且能解釋其含義的智者。」[41]然而，晚期的資料證明，其後某些人也被鼓勵學習希臘文，爲此成立了一間特殊學校，好讓猶太人便於與政治當局聯繫。[42]

對於是否有任何與學習希臘哲學的相關禁令被頒發，仍然是個有爭議性的問題。一些學者無疑予以抨擊。[43]然而，其他學者還是有學習希臘哲學，最好的例子當然就是斐羅與約瑟夫。

我們還發現許多人也精通體操。[44]很多人十分通曉軍事[45]以及游泳。例如約瑟夫在《人生》（*Life*）[46]中提到他一次在亞得里亞海（Adriatic Sea）航海時遇上船難，他和其他船員游了整夜才被另一艘船救起。米示拿中也提到一些人具備特殊的書寫工藝才能，唱歌的特殊才藝，以及其他罕見的技能。[47]由於祭司需要在聖殿內執行多種祭儀，因此必須具備出色的技能和靈巧性。一些特殊教師便從事教導年輕的祭司這些技藝。[48]

在第二聖殿及坦拿時期，猶太人發展出一些祕傳知識。到底這類知識確切的性質是什麼，仍然具有爭議性。它與〈創世記〉第一章及〈以西結書〉相關，例如創造的本質與「戰車」（譯註：merkabah，一支早期猶太教神祕主義的學派，集中探討〈以西結書〉第一章，先知的異象）。米示拿告誡：「創造的故事不可在兩個人面前解釋，同樣地，戰車的故事也不能單獨講授，除非他是個能從自身知識理解故事的智者。」[49]斐羅的著作給我們的印象，是他非常確信這些主題能與希臘哲學媲美。事實上，在公元前一世紀很多亞歷山卓的猶太人共同相信，希臘的哲學文學最早是從猶太人中借或者偷過來的，而後來於逆境和困難中遭遺失。[50] 中世紀的猶太哲學家邁蒙尼德也堅決相信。[51] 當代學者對猶太的神祕文學所持的意見，就是它主要爲通神論（Theosophical）。然而，毋庸置疑的是，有時猶太人會投入於哲學思考。例如，約瑟夫引用亞里士多德針對一些猶太人的言說：「現在，大部分這位猶太人所說的，由於過長而難以背誦，但是裡面所包括的疑問與哲學，也許不適合拿來進行對話……他與我們以及其他的哲士交談，並且對我們的哲學才能進行試驗；而由於他曾與許多學問之士一起生活，他傳遞給我們的知識比起從我們身上獲取的更多。」[52]

古代資料具備充分的證據顯示學者擁有許多寓言故事的知識。比如約哈難·本·撒該拉比，提到他學習許多與各種不同主題相關的寓言。[53] 梅厄拉比被稱爲偉大的寓言詩人。[54] 新約聖經裡許多寓言有著猶太的源頭。這些寓言故事特別使用在公眾討論中，以吸引人們的注意，並且藉以灌輸道德教訓。

---

1 根據傳統觀點，這些書卷的作者被大議會時期的文士、以斯拉、尼希米所認可。見〈論最後一道門〉14b-15a。

2 〈利未記拉巴〉第七章；〈納森拉比先賢篇〉第六章。

3 《猶太學校》頁八九—九一。

4 如〈論節日獻祭〉15a-b 及〈論離婚訴狀〉58a。

5 內森．莫里斯《猶太學校》頁八二。

6 〈論離婚訴狀〉60a。

7 如〈申命記註釋〉第十章第二十二節。

8 〈申命記〉第六章第四節；〈論住棚節〉42a。不幸的是斯威夫特教授在他的書《古代以色列教育》頁六三中提供了一個不好的翻譯。希伯來文字 ehad，並不是指「獨一無二」，更好的翻譯是「一」。參照〈創世記〉第二章第十八節。

9 〈論節日獻祭〉第一章第一節。

10 如〈論逾越節〉第十章第四節，提到了逾越節中的「四個問題」；另參〈論住棚節〉第三章第十五節。

11 〈先賢篇〉第五章第二十一節。

12 〈論住棚節〉28a。

13 〈論最後一道門〉8a。亦見〈論中間之門〉的典外說法 33a，及〈論疑妻行淫〉44a。猶大拉比同時也被稱為卓越的「拉比」（"Rabbi" par excellence）。

14 見 Strack 的 *Introduction to the Talmud and Midrash* 第一章和 Herbert Danby 所翻譯的米示拿中的前言。亦參見下一節「高等教育的內容」。

15 〈出埃及記〉第二十章第十節。

16 〈論安息日〉第七章第二節；第十章第三和第五節、第十二章第一至三節。

17 〈民數記〉第二十九章第一節；米示拿〈論新年〉（Rosh Hashonah）第三章第二、三、六節；第四章第九節。

18 〈民數記〉第三十五章第十至十一節；〈論鞭笞〉第二章第一、三、四節。

19 一個古代的法定編年史被米示拿所引用。

20 這與邁蒙尼德在其米示拿註釋所寫的導言的觀點是一致的。其他學者認為〈論第一道門〉、〈論中間之門〉以及〈論最後一道門〉是分別的三卷書，因此認為共有六十三卷。然而，還有其他學者仍是認同邁蒙尼德的觀點，即這三卷應視作一部論文集的部分，主要對〈論議會〉和〈論鞭笞〉作了進一步的結合，因此獲得六十這個偶數。亦見下一章，註26。

21 〈論節日獻祭〉 14a。另見 Sefer Hakritut, IV. 1, 11。

22 〈論鞭笞〉 23b。這確切數字不論被古代拉比們接受與否，仍然都只是推測。見邁蒙尼德在 Sefer ha-Mizvot 的開頭。

23 這些資料可從米示拿中討論有關特殊律法部分的各種文獻中蒐集。

24 〈以斯拉記〉第七章第十節。

25 〈利未記〉第十六章第三十節；〈贖罪日〉第八章第九節。

26 〈論公會補述〉第七章至結束；〈利未記註釋〉導論。

27 見〈論許願〉41a。

28 如見〈論婚書〉第五章第三節；米示拿〈論拿細耳人〉（Nazir）第六章第一節；米示拿〈見證篇〉（Eduyot）第七章第二節。

29 見〈論祝福〉28a。亦見拉希、〈論疑妻行淫〉20a 和卷末。

30 注意〈論住棚節〉28a，及〈論最後一道門〉8a，在米刻拉、米示拿、他勒目（革馬拉在審查版本）後面馬上提及哈拉卡與哈加達。在此處哈拉卡與哈加達毫無疑問地用於描述他勒目的兩個面向。在第一個情況裡，兩者明確地都被包含在內；而在後一例子裡，它們被用來把兩者的需要性排除在特定事件之外。關於這些用語的來源與意義的其他觀點，見《猶太百科》「Midrash」辭條。

31 〈出埃及記正解〉第十三章第六節。

32 同上，〈出埃及記〉第十八章第一節。
33 〈申命記〉第二十六章第十四節；米示拿〈論第二次什一稅〉（Maaser Sheni）第五章第十二節。
34 〈申命記〉第十七章第十七節；〈論公會〉第二章第四節。
35 這是巴萊他作者的詮釋，〈論聖化〉49a：「何謂米示拿？……猶大拉比說，就是米大示。」
36 〈以賽亞書〉第五章第十二節；〈論安息日〉75a。
37 米示拿〈論宰殺供食用之動物〉（Hullin）57b。
38 〈利未記拉巴〉第二十二章；〈傳道書〉第五章第八節。約瑟夫．克勞斯納教授在《Hadoar》雜誌上的文章（一九三八），錯誤地聲稱這實驗是由西蒙．本．約亥拉比所進行。顯然地，他是被原始資料上的名字西蒙拉比所誤導。然而，二手資料來源則提及全名——西蒙．本．哈拉夫塔拉比。
39 〈論頭生〉45a。
40 舉例見米示拿〈論舍客勒的稅款〉第五章第一節。
41 《猶太古史》第二十卷第十一章第二節。
42 〈論疑妻行淫〉49b。
43 見〈論第一道門〉82b；〈論疑妻行淫〉第九章第十四節，及邁蒙尼德的註釋。〈論素祭〉99b；〈利未記註釋〉十八章第四節（在一些正文裡）。
44 舉例見 Baraita，〈論住棚節〉53a。
45 見「馬卡比」與「猶太戰爭」。
46 第三部。
47 〈贖罪日〉第三章第十一節。
48 這些資料引自革馬拉〈論婚書〉106a。
49 〈論節日獻祭〉第二章第一節。
50 Zeller, Die Philosophie der Griechen, III., 2, 3rd, ed. p. 347。
51 "Guide of the Perplexed," 1, ch. 71。
52 《駁阿皮翁》卷二第二十二節。見坦拿時期材料，如米示拿〈論安息日諸限制的融合〉（Erubin）13b。
53 〈論住棚節〉28a。
54 〈論疑妻行淫〉第九章第十五節。

VI 教學方法與原則

教育的心理學原則

教學方法

教育的心理學原則

前面的章節雖然是討論有關猶太教育歷史的一些特定面向，然而它也包括了在教學上普遍會採用的方法與原則的資料。由於教育的本質，所以這些參考資料是不可避免的。教育是個綜合性的現象，涉入的層面很多。把它們互相抽離，可能會破壞整體的概念。本章爲了避免重複，只專注於前面沒有討論過或沒有被充分討論的教學方法和原則。

第一個需要先考量的教育心理學原則，是要認識到學生之間在心理能力與才能上，存在著相對差異，以現在的名詞來說就是「個體差異」（individual difference）。儘管這是最近才出現的概念，並與客觀測驗和尺度的現代方法相關，我們發現坦拿時期的拉比不只知道學生中存在這些差異，並努力將他們分類。比如他們說：「在學生中分爲四類：快聽快忘——他的獲益被他的遺忘所抵銷；慢聽慢忘——他的遺忘被他的獲益所抵銷；快聽慢忘——這是個好運；慢聽快忘——這是個厄運。」[1]「慢忘」顯然是指記性好的學生，能無所不包地牢記他所學到的，「快忘」指的是相反的特質。相同地，「快聽」指的是一個人記性好，在他聽到一次後便能快速地複誦所有他練習過的，「慢聽」指的是學生必須多次反覆練習才能背起來。拉比表彰兩種記憶力：一種是長期的，另一種是即刻性回憶。這裡所指的分類就是學生的記憶力。另一種分類作爲參考的是門徒的智力，如下所述：「坐於智者面前的，是四種類型的人：海綿、漏斗、濾網以及篩子。『海綿』——他吸收所有事物；『漏斗』——他聽話從左耳進右耳出；『濾網』——他流出美酒留下酒糟；『篩子』——他篩出粗糙的麵粉留下精細的麵粉。」[2]

這些分類法很有可能是預期使用在孩童不同的教育時期上。第一個一定被運用在記憶力扮演最重要的角色的初等及中等學校中。孩童必須熟記聖經的段落，很多單字的翻譯，以及米示拿。想像力與智力是次要的。然而在高等學院，情況剛好相反。爲了要發現聖經章節正確的闡釋，或者解決律法的問題，都很需要智力。雖然學生還是得記住很多討論，然而高等學院裡面好學生的首要特質，是高度的智慧與天資。因此，第二種分類應用於高等學院裡面。與兩段引言相類似的介紹性陳述：「學生中分爲四種」以及「坐於智者面前的，是四種類型的人」，說明及支持了上述。

這些分類是如何使用在學校裡面？古時的教師在應用上與現代對學生的分類方式十分相近。對於記憶力不足的學生則會施予額外的訓練；對於那些理解緩慢的學生則給予他們更詳細的解釋。教師有時候會要求那些能先掌握科目的學生輔助其他學生。如此，就可以照顧到個別差異。

值得注意十分有趣的一點是，現代對學生的分類有三重：聰敏、普通及劣等，在古猶太的分類則是四重。儘管並不容易，但這在照顧個體差異時提供了更多選項。另一個有趣的因素是，由於這個分類是基於某些十分獨特和明確的特徵的觀察，而顯然地避免了許多具錯誤見解、爲現代教育學者所反對的主觀性測試。

雖然這些學生的分類於坦拿時期末才存在，但我們還是找到了這些分類出現在更早時期的證據。例如我們被告知，希列的八十個門徒被分爲三個小組或三個類別。[3]同樣地約哈難·本·撒該將他其中一個門徒分類爲「滴水不漏的石膏水池」，而另一位則是「永流不息的泉水」。[4]在這四類被米示拿所記錄之前，其他的拉比[5]也有嘗試做出類似的分類。整體而言，這顯示出教師注意到個體差異的存在，並且嘗試用他們自己的方式去應付這些問題。

還有其他數個心理學原理確知是被應用在坦拿時期的。舉例來說，亞基巴建議他的門徒，「當你教導你兒子時，用修正過的書來教導他」，[6]因為他意識到把錯誤向孩童暴露會造成的心理危機。猶大拉比同樣地說：「在學習中無意犯下的錯是被視為故意違法，所以學習時要謹慎。」[7]學生同時被建議要跟隨聖經的誡命，「你眼必看見你的教師」，因為面對老師，學生對他所說的可能會有更好的理解，並且能學會更多。[8]同樣地，學生被建議要大聲複誦他們的練習。這麼做有兩個理由：第一，促進記憶；第二，促進理解，如此學生便能檢查自己有沒有把觀念搞清楚和把思路整理好。[9]教師經常反覆考驗學生，或為了要引起他的興趣、提升他們的智慧，而向他們展示錯誤的說法。在這種情況下，學生一般會謙卑地指正教師說：「我們的拉比，你之前教導我們的不是恰好相反的嗎？」[10]

除此之外，教師在指導時被要求使用精鍊的言語，如此他們所教的才能更好地被學生所理解與熟記。坦拿時期的寫作，也要求有精鍊的表達。

教師也鼓勵學生盡量使用乾淨俐落、有益的語言。[11]事實上，他們建議學生的表達要言簡意賅。[12]教師爲了讓學生更細心與用功，有時會拒絕解釋，或者甚至重複同一個陳述。[13]如果一個學生做出敏銳的觀察，這時教師會回應說：「你說得好」，藉此鼓勵學生更熱心學習。[14]在學習妥拉時，人們常常被建議應該選擇一個他們「心所嚮往的」，[15]特別感興趣的主題。即便是在校舍，這個教育心理學規範仍被最大程度地遵行。課堂開始時先從共同感興趣的點切入，被視爲拉比明智的教學原則。

關於行爲，拉比應用了另一個明智的心理原則。他們教導，「經常用左手（把學生）推開，以右手把他們拉近到你身邊。」[16]這個建議固然需要練達。表面上看起來教師應該要嚴格對待學生，但在事實上教師應該成爲學生的朋友與輔導者。學生不應害怕向教師尋求指引，或者尋求他現正需要的解釋。「將苦膽丟到學生中」，[17]只是在罕見情況下才被遵循的建議。教師們絕對不會忘記以利沙（Elisha）先知的例子，由於先知對他的學生太嚴格，最後造成門徒的退步。希望這種事情，別再次發生。

教學方法

現存的聖經節有助說明從早期文士時期起，文士在成人教育中所採用的教學方法：「他們清清楚楚地念上帝的律法書，講明意思，使百姓明白所念的。」[18] 傳統上，這段落被講解為聖經經文的閱讀一開始時是以希伯來原文，接著翻譯成亞蘭語，然後再做仔細的研讀。[19] 從文本本身及其傳統上的解釋，可以安全地總結摩西五經的原文被仔細、確實地閱讀，在翻譯為白話後，某些律法包含各種傳統細節在閱讀中被重新談及。最後，人們就會從這裡看到這些細節如何被解釋並且包含在閱讀當中。這種成人教育的形式，是由猶太教育的三種要素：米刻拉、米示拿及他勒目所構成。

孩童如何被教導閱讀？首先，教師會在板子上寫下一些字母，然後要求孩童逐一以名稱來辨認。為了確使孩童能輕易地認出它們，教師有時會將順序弄反。[20]在孩童掌握了所有希伯來文字母後，就向他們介紹一些簡單的希伯來單字，並展示如何把每個字母的音與單字的發音聯繫起來。在此同時，孩童也被告知這些單字的意思與翻譯。由於希伯來文沒有母音，也尚未發展出母音標記，閱讀並不是一件簡單的差事。儘管有這些阻礙，學習閱讀絕對不是機械式的。當孩童學習到一個字的多種閱讀方式時，他會被告知要注意前或後一、兩個字，上下文的脈絡，以查明正確的意義和研讀。在閱讀的同時，孩童會教導一些基礎文法的規則。成功地完成這些練習後，孩童被教導摩西五經的閱讀與翻譯，因此他的希伯來文字彙會在一兩年內快速擴展，他就能獨立地閱讀和翻譯更長的希伯來文段落。

在引述古希伯來文閱讀上，莫里斯提供了一個奇異的理論。他讓我們相信這種閱讀在他勒目時期並不存在。他的爭論部分引述如下：「一個例證就足夠了。根據把它們組合一起的母音，三個子音d、b、r，可共有八或九種不同的讀法……現在教師可以如何使用這些材料？……他不會做出不可能的嘗試：教導單字。不僅如此：對他而言，閱讀本身作爲一個主題，而獨立於某一文本之外，是不可能的事；那裡並沒有手段去做出教導。事實上，這種事從來沒有被提起。閱讀在那時期意味著閱讀一特殊的書——唯一的一本——即聖經。那些談到『閱讀』作爲一獨立主題的作家……反映出他勒目時期的學校在他們各自時代的狀況。」21

當然，莫里斯的這個理論證實了他有關書寫的理論。如果閱讀不是舊時學校裡其中一個科目，那麼怎樣期待孩童可以書寫？書寫同時也被排除在學程之外，因此有關闡述閱讀的新觀點成爲邏輯要求。然而，這整個理論最少程度地說是過度誇張。書寫已經說明過是課程的必要部分。同樣地，閱讀並沒有被教育課程所排除。有很多希伯來文字只能用一種方式閱讀。有更多希伯來文字可以用兩種方式閱讀，一種是當文字在段落之中出現，另一種是當文字出現在句末時，其意思會稍微改變。孩童能夠毫無障礙地辨識到所有這些字詞。即便一個希伯來單字本身可以八或九種的方式來閱讀，但當它們放在脈絡中時，就只能有一種理解方法。儘管描述上有困難，但沒有理由相信閱讀被教學制度排除在外。

由於在中等和高等學校裡，學生需要熟記大部分的學習內容，因此教師習慣將每個練習進行多次複述。普遍上，每個習題會被複習四次。[22]有些學院教師會把新課程安排在晚上教授，然後在早晨複習一次，中午複習一次，最後一次在下午。[23]如果有必要，教師會複習得更頻繁。教師常常給予學生足夠的時間記憶每個練習。他們記憶習題的方式，通常是透過詩歌吟誦。[24]他們發現這個方法能讓記憶表現得更好。拉比教導他們持續重複，不只保證記憶能更持久，同時讓印象更爲清晰。希列曾說對他而言，對學習進行一百零一次的練習，會遠比練習一百次爲優。[25]不過，這裡的意思不能被解釋爲：希列相信一百零一次這個數字具有一種特定、神祕的質量。數字僅止於說明之用。希列仍會同樣的贊成若有人練習一百零二次，會比那個只有複習一百零一次的人更爲優越。有些教師在教學時，會使用符號註記的工具。[26]這些都會對學生在記憶上產生眞正的幫助。

猶大·本·伊萊（Judah b. Ilai）拉比以使用這種方法而聞名。舉例來說，米示拿記載：「這兩個餅是七掌長、四掌寬，而它們的角是四指高。無酵餅是十掌長、五掌寬，而它們的角是七指高。猶大拉比說：免得你們犯了錯（只謹記這二字）『ZaDaD』、『YaHaZ』。」[27]這兩個字有六個子音，分別是數值七、四、四、十、五和七。藉由記憶這兩個字，學生便能避免把練習中提到的數值搞混。有時字母並不是用在標記數值，而是代表這些詞首的縮寫。猶大拉比爲人熟悉的一句陳述是個很好的示例，「DeZaKh、EDaSh、B'AChaB」，現在指的是哈加達中關於逾越節的前夕，和指涉猶太人被容許離開埃及前降臨埃及人的十災名字。

此外，只要有機會，拉比偏好將他們的解釋與聖經字辭的辭源結合起來。他們在分析一些摩西五經中的難字時，經常會把二個或以上較爲簡單卻又能給出解釋的字組合起來進行分析。[28]這或許可以當成是早期在語源學（philology）上的嘗試。

在教學上，拉比總是仔細報告哪些陳述是出自他本人，即第一個提出這說法的人。[29]這種做法，與現代學生在進行研究時，被要求提供陳述的來源出處十分相似。這種方法在猶太教育中至爲重要，因爲不同作者可能會持相反意見，學生得以正確地及有邏輯地比較每個說法。即便一些觀點沒有被接受爲正式律法，但由於其產生的道德影響，而仍被記錄在米示拿中，就如以下所述：「當希列與煞買的觀點並不盛行時，爲何仍然被記錄起來？是爲了教導未來的世代，沒有人應該堅持己見，看啊，『世界之父們』也沒有堅持己見。」[30]當這個解釋不夠充足時，爲了符合拉比的上述方針，另一個理由會被提出，如下所述：「當某人的觀點與盛行的主流意見對立時，他們爲何仍要把它記錄下來？如果有人說了，『我已經接受了這個傳統』，其他人可能回答，『你只曾聽到相同的觀點而已。』」[31]

此外，教師被建議在每一課或是每個重點之後稍事停頓，這樣學生可以就課堂內容進行思考，更好地理解。拉比非常注重這個建議。他們解釋，當上帝教導摩西律法時，祂也在每個段落與每個主題間稍事停頓。如果這是由上帝親自教導的摩西所提出的要求，那麼由凡人教導凡人時便更需如此。[32]不過，休息時間並沒有劃一長度，在這一點教師需要自行斟酌。

當學生一踏進校舍時，也被建議不要向他們的教師發問，而是等到自己稍微沉澱下來後。同樣地，當教師進入學院時發現學生正從事學習，不該「跳」進討論當中，而應該等到他確定學生已經完成主題的學習。[33]

絕不能忽視另一個在坦拿時期、甚或比此更早的重要的教學方法。在所有律法細節的教學與討論完成後，教師會概述每條或數條律法的各種細節，並進行一些簡要的一般性結論。這點反映在仔細觀察米示拿的文本上。以下可作爲例證：「有些婦女被允許與丈夫結婚，但是禁止與他們的表兄弟結婚；有些被允許與表兄弟結婚，而被禁止與她們的丈夫結婚；有些兩者都允許，而有些兩者都禁止。」[34]有時候概述可能比較像數學公式，經過論述或分析後，便能輕易地得出所有各式各樣的內在細節。這種方法特別使用在高等學院與中等學校裡面。

爲了促進記憶，拉比經常會把具有共同特質的不同科目結合起來。舉例來說，在學習期間，注意到以下的特徵：有兩件事情只在一或兩方面有所差異，總共有十三個具有這共同特質的各個主題都會被列出放在一起，如下：「第一個亞達月（Adar）與第二個亞達月不同之處，只有在閱讀經卷和向窮人施予禮物。節期的日子與安息日的不同之處，只有在準備必要的食物。安息日與贖罪日的不同，只有在肆意褻瀆獨一者要透過人的手來懲罰，任意褻瀆其他的要將之剪除（編註：Extirpation，作為一種懲罰時可指死刑或遭隔離）。一個人受到誓言所禁止不可從同伴身上得到任何益處，與受到誓言所禁不可從他那裡拿取任何食物，分別只在於他的腳踏進（其他人的領域），以及在沒有準備必要的食物時使用器皿……痲瘋病人在隔離時被宣告潔淨與其他也被宣告潔淨的痲瘋病人的分別，只在於他剃去頭髮與獻鳥祭。聖經與經文匣及**梅祖札**不同，在於聖經可能用不同的語言書寫，而經文匣與**梅祖札**只能用亞述文書寫……」[35]拉比經常爲了同一個原因，列舉與主題相關的律法的確切數字。以下是隨機選擇的例證：「工作的主要分類（在安息日禁止），是四十減去一個」，「十五個女人讓她們的共妻，以及她們共妻的共妻（等等，沒完沒了）免除於開脫禮（Halizah）

與叔娶寡嫂的婚姻；並且這些是她們……」，與「造成傷害的四個主因是……」。[36]

總括而言，透過坦拿的陳述所列的四十八種特質，獲取律法的學習。它包含了上面討論過的一些教育方法跟原理。然而，對於拉比來說，透過列舉許多具有價值的虔誠的要素，他們所更看重的是妥拉的習得。

妥拉比聖職和王位更偉大；王位是透過三十個美德而取得，聖職是二十四個；但是妥拉則是四十八個。而以下就是全部：透過學習，透過耳聞，透過清晰的發音，透過心中的理解，透過敬畏，透過尊敬，透過謙遜，透過快樂，透過智者的列席，透過學生們的相伴，透過門徒緊密的討論，透過肅嚴，透過聖經的知識，透過米示拿的知識；透過在職業上、在世俗的工作上，在娛樂時，在睡眠中，在歡笑裡的自我節制；透過忍耐，透過好心腸，透過信任智者，透過受懲罰時表現順從，透過成為一個認出他聖殿的人，為自己的命運而欣喜的人，在他的話語上築起圍欄，不為自己爭取功賞；透過成為被愛的人，去愛上帝，去愛人類，去愛好行善，去愛操行端正，去愛責備，去迴避榮譽，對所學的不做自誇，因對律法不做抉擇而欣喜，去協助他的同伴背起他的軛，因他受到公平的判斷，因他在真理上建立自己，因他在平安中建立自己，因他在自己的學習上孜孜不倦，因他提問且尋得答案，因他傾聽而有所增長，為著教導而學習，為著實踐而學習，使他的教師更有智慧，確切複述他所聽到的，和對一己之言以一己之名來記述。[37]

1 〈先賢篇〉第五章第十二節。
2 同上，第十五章。
3 〈論住棚節〉28a。
4 〈先賢篇〉第二章第八節。
5 舉例見〈申命記註釋〉第十一章第二十二節及〈論離婚訴狀〉67a。
6 〈論逾越節〉112a。
7 〈先賢篇〉第四章第十三節。
8 〈以賽亞書〉第三十章第二十節；〈論安息日諸限制的融合〉13b。
9 同上，53b-54a；〈申命記註釋〉第六章第七節。
10 〈民數記註釋書〉第十九章第二節。
11 〈論逾越節〉3a、3b。
12 〈見證篇〉第一章第三節也有相同的註釋。
13 〈利未記註釋〉第十五章第十三節。
14 〈出埃及記正解〉第十九章第二十四節。
15 米示拿〈論偶像崇拜〉（Abodah Zarah）19a。
16 〈論疑妻行淫〉47a。
17 〈論婚書〉103b。
18 〈尼希米記〉第八章第八節。
19 〈論許願〉37b；〈經卷〉3a。
20 〈納森拉比先賢篇〉第六、十五章；〈論安息日〉31a。
21 《猶太學校》頁一五四－五。
22 〈論安息日諸限制的融合〉54b。
23 〈論素祭〉18a。
24 亞基巴拉比的話語「每日一歌」（〈論公會〉99b和拉希），簡單的意思是：在你生命的每個日子裡，務必學習妥拉。亦見〈經卷〉32a及其補述。

25 〈論節日獻祭〉9b。

26 這或許可以解釋一個困擾著許多學者的問題。為何米示拿第二次序的名稱使用單數形態，Moed，節期，尤其是當所有其他題名都使用複數形態？筆者的意見是，就如所有其他在他勒目內的篇章一樣，這是一種註記符號，指出一個次序的第一卷書與最後一卷書，都是採用單數形態命名。而所有其他次序的第一卷與最後一卷書，都是採複數形態命名，如同它所屬部門的名字一樣。如果這樣的推測為真，第四次序的第一卷書名〈民事侵權行為〉（Nezikin，意味損傷），就自然會變成複數形態。這與邁蒙尼德和其他把〈論第一道門〉、〈論中間一道門〉、〈論最後一道門〉三論集，算為一卷的偉大學者，觀點不謀而合。文集的名稱從此之後叫 Nezikin（或 Babas）。

27 〈論素祭〉第十一章第四節。

28 舉例來說見〈論宰殺供食用之動物〉63a；〈論公會〉4b。

29 〈先賢篇〉第六章第六節至末。

30 〈見證篇〉第一章第四節。

31 同上第六章。

32 〈利未記註釋〉第一章第一節。

33 〈論公會補述〉第七章第五節。

34 〈論叔娶寡嫂的婚姻〉第九章第一節和補述。

35 〈經卷〉第一章第四至十一節。

36 〈論安息日〉第七章第二節；〈論叔娶寡嫂的婚姻〉第一章第一節；〈論第一道門〉第一章第一節。

37 〈先賢篇〉第六章第六節。

VII 女孩和婦女的教育

婦女的地位

女孩的教育

婦女的教育

婦女的地位

如果要對第二聖殿時期和坦拿時期的女性教育做出適切的評價的話，我們必須對當時猶太婦女的地位有充分了解。不過不幸的是，這個問題迄今尚未得到充分及公正地處理。有些學者混淆地嘗試做出猶太婦女的地位和一般東方婦女一樣的結論，其他學者則認爲在猶太人漫長、多變的歷史中，猶太婦女的地位始終如一，因此在他們的著作中犯下了許多錯誤，特別是過去幾個世紀以來流行的，將東歐猶太人對待其婦女的方式錯認爲全體猶太人皆有的人格特質的觀念。另外還有一些人僅僅是在比較與評估古代資料時便犯了錯。

爲了避免落入上述的這些陷阱，下面這個簡要的問題可以視爲我們討論這個主題的基礎：第二聖殿時期和坦拿時期的猶太婦女地位是否普遍較男子低下？我們可以透過兩種方法來探詢這個問題的答案。其一，檢視猶太律法當中關於女性地位的部分；其二，仔細探索古代著作中提到女性的部分。然而筆者認爲，若是想要找出準確的答案，在研究時就必須充分使用這兩種方法，使其相互對比及補充，才能將錯誤減到最少。

如果我們僅檢視這個時期所制定的猶太律法的話，人們會得出婦女地位遠不如男子的膚淺結論。舉例來說，婦女不被允許做證人或是法官，她們跟奴隸和未成年人一樣，可以不用遵從某些聖經戒律。婦女同樣也被排除在妥拉的義務教育之外。在猶太會堂舉行崇拜時，女性不被算在進行崇拜法定所需的十個成年人當中。事實上，在耶路撒冷的猶太聖殿中，還有一道長廊將女性和男性隔絕開來。在發生離婚案件時，女性只能完全遵從其丈夫的意志。猶太律法甚至允許一夫多妻制。若是猶太男子在未有後代的情況下離世，其遺孀則必須聽從其亡夫兄弟的意願，亡夫的兄弟可以選擇娶這名遺孀，或是透過名為哈利扎（halitza）的儀式，將這名遺孀釋放回其本家，若是沒有進行過哈利扎，這名遺孀在其亡夫的兄弟還在世時都不能再度結婚。當嬰兒出生時，猶太母親必須遵守一段潔淨期，女嬰的潔淨期是男嬰的兩倍。如果我們只根據上述的這些事實，的確會引導出那樣的結論。但是，透過上述的這些事實就斷言猶太婦女被貶低，地位遠不如男子，是大有問題的。這顯示出人們對於猶太律法的基本特質缺乏了解。

我們必須牢記，猶太人相信他們的律法源於上帝，由摩西在西奈山上領受律法。對猶太人來說，律法就像創造萬物和自然一般，都屬於上帝創造的工。以下將提出一個類似的觀點來為此點辯護。比如說，今天我們發現女性的身體就是比男性弱，又必須承受生兒育女的痛苦及危害，因此在社會地位上，女性被認為要比男性低劣。這個觀點自然是可笑且荒謬的，個體的自然條件並不能被用來作為社會地位的標準。同理可證，以上所有關於猶太律法中的事實也不能論斷猶太婦女的社會地位。這些事實告訴了我們，婦女在猶太人生活中會經歷的一些障礙及限制，但並沒有顯示出任何婦女的社會地位比男人差的證據。

同樣的，「在猶太律法中，婦女和未成年者、奴隸及心智不健全者的社會地位相等」[1]這個結論也是沒有證據的。正好相反的是，律法中要求婦女遵從妥拉中的**所有**禁令，以及**許多**正面的戒律；但未成年者或心智不健全的人，是沒有必要遵從這些義務的。而且如果有某一項法律的適用對象是婦女、奴隸、未成年者及心智不健全的人，也不能論證婦女和其他三者在同一層次上，除非能夠證明這項法律適用於以上四者的原因是相同的。然而，熟悉猶太律法的人就會知道，相反過來往往才是眞實。舉例來說，根據猶太律法，以色列王、婦女、奴隸、未成年人和心智不健全的人無法擔任證人或者是法官。這些人全都是因爲他們的不可靠而被排除在外的嗎?如果是,我們才可以說他們在法律上是處於相同的層次。很明顯的,並非如此,以色列王肯定不是因爲這個原因而被排除在外。至於婦女,我們可以輕易地由其他猶太律法,特別是由那些和禁食與可以吃的食物相關的法律中,證明婦女是可靠和可信的。因此上述的這種分類法是站不住腳的。

前面的討論告訴我們,許多猶太律法中的要素,並不能直接反映第二聖殿時期與坦拿時期婦女的社會地位。然而,什麼樣的內容可以豐富我們關於這方面的訊息呢?這段時間中由智者及拉比新制定的,以及並非由摩西五經中直接闡述與婦女相關的法律,也許可以讓我們窺見當時婦女的社會地位。

在第二聖殿時期的婚姻,由於男女雙方要遵守一份契約,包括相互執行對彼此的義務,因而被隆重對待。[2]這些義務大部分是由智者所制定的,即使這份合約並沒有眞正的書面文字也一樣有效。總體來說，這些法律展現出對女性的高度尊重。事實上，在婚姻須遵守的義務方面，男性要對其妻負擔的義務遠比妻子要負擔的爲多。[3]這些法律旨在建立起幸福家庭的基礎——即相互尊重與理解。雖然在第二聖殿時期和坦拿時期的法律中有規定男子可以適用一夫多妻制，但實際上並沒有看到這類案件的記載。[4]有些證據顯示，猶太社會普遍反對一夫多妻制。此外，聖經中的律法也有規定，當妻子處於經期時，丈夫和妻子至少分居七天，這總是可以使家中充滿和諧和愛。就像一位智者曾說過的：「這會讓妻子再度愛上她的丈夫，就如同她踏入婚禮帳篷的那天一樣。」[5]在家庭氣氛如此愉快的情形下，認爲婦女的社會地位低下根本是空談。更進一步支持這個結論的是，雖然男性依照古代猶太律法可以輕易地和妻子離婚，但是我們在這個時期的猶太歷史中卻很少看到這樣的案例。

我想上述這段簡單且廣泛的討論，就足以提供猶太律法中關於女性社會地位問題的佐證。接下來，我們將檢視其他古代猶太資料，以期對這個問題得到更多的訊息。

現在關於古代猶太人最流行的一些觀點，大概都出自於〈創世記〉的前幾個篇章中有關創造的故事。在孩童還處於最纖細易感的年紀時，猶太人就教導他們這些故事了。這些故事對於孩童的人格塑造有著關鍵性的作用。首先，它灌輸了萬物的造物主上帝是無所不能的信念，其次，它明確地解釋了男性和女性的起源問題。男性是以地上的塵土所創造，而女性則是以男性的肋骨所創造，因此男性的起源較女性爲卑微，女性是被創造出來成爲男性的幫手的。猶太人和希臘人不同，並非將婚姻視爲對國家的義務或者是一種必要之惡，而是將其視爲對造物主所創良好制度的一種實踐。甚至男和女在創造之初是被視爲一個個體的。即使後來女性從男性當中分離出來，這種連結也並未完全破裂，「因此，人要離開父母，與妻子連合，二人成爲一體。」[6]若接受聖經中的這段敘述爲神聖眞理的話，男性絕對會將女性視爲與自身平等的存在。

猶太古代著作當中對於婦女地位的普遍精神，可以用先知瑪拉基（Malachi）的一段話完美地呈現：「他是你的配偶，又是你盟約的妻。」[7]然而，有些古代著作當中記載的某些陳述，也引發了不同的解讀。雖然這並沒有反駁上述論點，但也確實表示了當今的一些不同意見。如果我們仔細並正確的研讀這些陳述，往往會產生不同的含義。有一個例子是：「不要和婦女多說話。」[8]由字面上來看，這個建議反映了部分女性的行爲。然而，當我們仔細檢視這段話的原文後可以發現，希伯來文中「說話」這個字的意義指涉的是「閒話」或是「流言蜚語」。[9]因此，上面這段建議較類似下面的意思：「我所有的日子都在聖人當中成長，於是我了解，對於男人而言，找不到比沉默更好的東西……他的話越多讓犯罪機會倍增。」[10]

對於那些說出貶低女性地位話語的人們，筆者認爲他們可能受到了外國哲學以及民間文學的影響。比如在亞歷山大城的猶太族群中，普遍認爲女性的地位較男性低，這是因爲希臘哲學和其他文化對他們有極深的影響。最好的例子當然非斐羅莫屬，他曾說：「多坦（Dothan）代表的是『徹底地放棄』，同時也是一種並無折中、徹底遠離那些空洞觀念的靈魂象徵，這與婦人而非男人的慣例較爲相像。」[11]或許斐羅這些對待婦女的態度是受到希臘文化的影響。但是在巴勒斯坦，希臘化文化的影響力較小，當地盛行的還是傳統猶太人對待女性的方式。

上述說的尚可引約瑟夫的例子來說明。他在總結摩西的律法中曾做出以下的觀察：「由於性別所造成的輕率與冒失，女人的見證不應被採信。」[12]

古代拉比和智者們從未做出女人不得作爲證人的法律解釋。事實上，他們的著作中提出了一個完全不同的理由，這個理由可以和〈詩篇〉當中的陳述連結：「王女在宮內極其榮華。」[13]無疑的，約瑟夫在羅馬城中用希臘語撰寫他的作品，受到了希臘人跟羅馬人對於女性態度的影響。

然而，另外還有一篇坦拿時期的論述，其大意爲婦女們是頭腦簡單的。[14]一位現代作家根據上述的論述，得出了當時的婦女「通常被視爲頭腦簡單、不負責任的生物」的結論。[15]如果我們仔細檢視這段發言的背景，會發現這個結論其實是毫無依據的。仔細檢閱他勒目後我們可以確信，拉比們的這種言論，僅是因爲他們認爲女性不能像男性般承受巨大的折磨或誘惑。

此外，家庭是所有猶太人社會生活的基礎，在家庭中，子女應當給予其母親與其父親相等的敬畏，就如同下面這段坦拿時期的諺語所說：「此言早於上帝，在創世之初即有，人應敬其母更甚其父，因爲母親用有說服力的言語養育他。因此關於敬的戒律有言，先其父而後其母；此言早於上帝，在創世之初即有，人應畏其父更甚其母，因父授其以妥拉。因此關於畏的戒律有言，先其母而後其父。凡有不完美之事，都應求於經文使其完善。」[16]

從第二聖殿期的一些道德著作中我們也可以發現，猶太人並未貶低女性的地位。但不幸的是，許多處理這個議題的現代作家，都被自身的偏見所蒙蔽。他們通常只會選擇那些符合他們先入爲主的觀點的語句來討論，並對那些已被證明和事實相反的言論選擇緘默。同樣的，去爭論那幾個貶損女性，認爲女性地位低下的文本的可信度，也是錯誤的。即使在現代文明國家中，人們也可以從報紙、雜誌、書籍當中找到許多不利於女性的發言。此外，如果仔細研讀所有古代猶太文本，在每個貶損女性的言論中至少都可以找到一個讚美女性的言論，有時還更多。

以下幾篇摘自〈便西拉智訓〉（Ecclesiasticus）的段落正可說明上面的觀點：「罪由一個婦人起，因爲有了她，我們全都必然死。——切莫失去與聰明賢慧的女子結親的良機。一位賢妻的價值勝過黃金。」「我不懼任何病除了心病；我不怕任何邪惡除了女人——朋友和同伴使你永不犯錯，但這兩者都比不過一位在丈夫身邊的妻子。」「一個邪惡的女人放棄了勇氣，臉上露出沉重的表情……一個懶惰的男人被比喻成糞堆中的污物：每個撿起它們的人都應該甩動他的手。」「養活一個沒有教養的孩子乃是父親的恥辱，如果是個女兒，恥辱就更甚。」[17]

雖然在猶太人的社會生活中，女人和男人的地位差不多是平等的，但猶太父母還是比較期待生兒子而非女兒。其原因有二。第一個原因純粹是自私的，養育女兒比起養育兒子來，父母必須付出更多的關心與焦慮，就像便．西拉強烈主張的一樣：「沒人知道一個父親爲了女兒要多早起床，對女兒的關心奪去了父親的睡眠。當女兒還小時怕她夭折；當她如花般年紀要結婚時怕她被憎恨；當她尚未出嫁擔心在屋內被人玷污而有孕；當她有了對象要擔心她做出不好的行爲；等她終於出嫁，還是要擔心她可能不生育。」一個在道德上鬆懈的女兒是父母可能遇上的最大災難，就像這名智者進一步所說的警語那樣：「對於不知羞恥的女兒要時時警惕，不然她會讓你成爲你敵人的笑柄、城市間的談資，使你蒙受群眾的責難，在人群中抬不起頭來。」[18]猶太父母總是希望看到孩子有著幸福的婚姻與子嗣，也因此比起兒子，他們更擔心女兒。當一名男子不喜歡他的妻子或是妻子沒有子嗣時，理論上他有兩種選擇：他可以支付婚書中規定的金額與她離婚，或是可以另娶一名女子，而同時擁有兩名妻子。

偏好生兒子的另一個理由，就是純粹的理想主義。由於女性不需要遵從大部分妥拉中的正面戒律，律法的遵守也僅限於特定的時間或季節，因此女性不能像男性一般以多種方式服事上帝。因此猶太父母基於宗教的虔誠，偏好能夠全方位服事上帝的兒子。這種解釋被記載在猶大拉比（約公元一六〇年）的著作當中：「一個男人每天必須祈禱三次：感謝自己不被創造成爲一個異教徒、不成爲一個女人，也不成爲一個無知者……一個女人，因爲女人被排除在許多戒律之外；不成爲無知者，因爲『無知者不畏罪惡，也不能成聖』。」[19]這段話很可能還是受到了外國文化的影響，因爲柏拉圖也曾說過：「我感謝上帝把我生在希臘而非蠻邦；身爲自由人而非奴隸，身爲男人而非女人；更重要的是，把我生在蘇格拉底的時代。」[20]以上清楚地闡明了眞正的猶太人對於偏好兒子的看法。

對於女性在家庭和產業中所應負的職責，也有清楚的定義。家庭職責主要包含「磨麵粉、烤麵包、洗衣服、料理三餐、照顧孩子、鋪床、紡織工作」。[21]而在產業上所要做的一般包括了「紡紗、編織、染色、照護畜群以及守護葡萄園」。另外女性一般還擔任照護貧困。有趣的是，已婚婦女從未被強迫在田地中工作，或從事其他體力勞動的工作，從古代著作中我們可以看出，女性很少從事這類勞動。

前面的這些討論雖然算不上詳盡無遺，但應該足以說服一位公正且有能力，並願意重新檢視上述這些材料的評論者。毫無疑問的，在猶太人的社會生活中，女性是受到尊敬且體面地對待的。在這點上，猶太人和大部分的東方民族不同，也和希臘人及羅馬人不同。

女孩的教育

根據猶太律法，婦女不被允許學習妥拉。[22]父親們沒有義務教導女兒妥拉，也不會要求婦女教導兒子妥拉。因此，在猶太教育體系內，依據律法，女孩和婦女是完全不被包含在內的，同時也被排除在學校系統之外。在任何一所學校中，女孩都不被允許錄取爲學生，女性也不被允許擔任教師。然而，這並不表示猶太女孩沒有接受任何教育。事實上，在第二聖殿時期和坦拿時期，對於女孩的教育是十分廣泛的。

在初等學校建立之前，女孩們跟男孩一樣，在家中接受父母教導，學習米刻拉與閱讀聖經。就女孩們而言，初等學校的建立並沒有停止這樣的學習。[23]她們在家中被教導閱讀和寫作，並熟悉文法、算術、地理、歷史等科目，因爲這些知識都是充分研讀聖經所必需的。她們也學習許多祈禱文。此外，女孩還接受母親的家務指導。如果女孩沒有學習米示拿的權利，那麼她們透過觀察和實踐家庭習慣，也可以學習到許多當中的內容。

對父母而言，對女兒的教育是比對兒子更大的問題，這不僅僅是在中、初等學校建立之後，父母可以減緩對於教育兒子的負擔，而是在更早之前情況就是如此了。如同之前所述，父母特別擔心女兒的道德教育。因此，女孩被仔細地教導聖經和次經中的道理，強調禮儀與正直的重要性。這種教育產生了良好的效果，我們可以在古代著作中，看到許多賢良女性的高尚事蹟。

由於女孩們完全是從父母那邊接受教育，因此所受教育的範疇就受限於父母所擁有的知識。因此拉比勸告男人永遠應該求娶學者的女兒，「這樣即使他死亡或是遭到流放，也可以放心，因爲他的孩子還是可以成爲學者。」[24]請記住，對於女孩的教育完全是自願性質的，因爲律法上並沒有要求，但是由於猶太社會中女性和男性享有相同的社會地位，父母也都很樂意爲女兒提供完善的教育。不過，仍有很少數的女孩沒有接受到這種初等教育。

在中等和高等教育方面，猶太人的做法並不十分統一。舉例來說，以利以謝拉比（Eliezer，約公元一〇〇年）和他的一些同人認爲，女孩不得被教授口傳律法、米示拿以及他勒目，這些學科是專門爲男孩以及男性所設的。本·亞撒（Ben Azzai）則對此點有全然不同的想法，他認爲這些科目不但應該讓女孩選修，甚至應該列爲父母必須教授給女孩的科目。[25]看來大部分人都不能接受過於極端的教義，梅厄拉比之妻精研猶太律法，她的一些智慧之言被記載在他勒目中。此外，前一段的引文中也指出，學者的確爲其女兒及時地提供了高等猶太教育。但是我們不能因此被誤導，認爲猶太女孩普遍地接受了相當完整的高等教育。家長並沒有足夠的時間給予女兒所有必要的指導。當初等教育還是由父母主導時，男孩一般來說要到十六歲才足以完成初等教育，而在我們所談論的這段時期的猶太歷史中，女孩們也差不多在這個歲數結婚，因此女孩們喪失了接受中等或高等教育的可能性。

爲何這些女孩被完全摒除於學校系統之外呢？如果猶太人基於道德因素而反對男女同校，那麼爲何不爲女孩單獨開設學校呢？尤其在我們確信猶太社會中，女性地位和男性是相等的之後，這個問題更加令人費解。我們或許可以從以下兩個來源尋找答案。其一，在猶太律法和猶太教育的特質中，父親被律法強制要求只能教導他們的兒子妥拉，以及代代相傳的傳統。同樣地，青春期的男孩和男性被要求學習妥拉。「這律法書不可離開你的口，總要晝夜思想。」[26]女孩和婦女無需負擔這種義務。因此，學校系統只爲男孩們建立，以滿足猶太律法中的這些要求。

再者，如果猶太教育的目標，僅僅是爲了追求更高的智力發展的話，猶太人也許會爲女孩提供和男孩相等的教育設備，因爲猶太人並不認爲女孩的心智能力較男孩低劣。事實上，他們認爲女孩無論身心都較男孩早熟。甚至有證據證明某些拉比認爲女人比男人更有智慧。[27]然而，猶太教育在本質上是用於建立品格，因此女孩可以更容易地放棄學校系統所提供的最大限度的教育。經驗告訴猶太人，女孩在家中就可以接受到令人滿意的品格教育，她們可以在家裡學到妥拉和習俗中所要求的美德及虔誠等元素。在另一方面，男孩有更多更重要的東西要學：妥拉律法中的所有細節，以及這些是怎麼從聖經經文當中推演出來的。本質上來說，女孩的教育要比男孩來得容易處理。因此，如果父親很忙，母親要兼顧女兒的教育也不會太困難。

婦女的教育

雖然猶太女性沒有研讀妥拉的義務，但是有趣且值得注意的是，幾乎所有為了改善成人教育的機關或組織都有將女性包含在內。在第二聖殿期的初期，我們發現：「祭司以斯拉將律法書帶到了能聽明白的男女會眾面前……從清早到晌午，在眾男女一切聽了能明白的人面前讀這律法書，眾民側耳而聽。」28

婦女們會出席在耶路撒冷聖殿、巴勒斯坦的猶太會堂，或是巴勒斯坦以外地區的猶太會堂中舉行的禮拜，特別是在安息日和節日時，這些地方會特別開放隔絕婦女用的長廊或大廳供她們使用。雖然婦女不被允許帶領會眾敬拜或是公開宣讀聖經，但是她們可以參加所有的禱告，也可以聽取對摩西五經和先知書的閱讀和講解。週五晚上以及週六早上，她們也可以出席拉比的布道。事實上，有些女性比她們的丈夫更常參加這些布道。[29] 每個節慶日前在猶太會堂舉辦的公共演講，這些女性也是常客。作爲女性，唯一不能參與的成人教育類型是進入學院中聽講，因爲所有的校舍都不對女性開放。

在初等教育還由父母負責的年代，許多婦女協助自己的丈夫教導兒子，〈箴言〉的訓誡曾說：「我兒，要謹守你父親的誡命；不可離棄你母親的法則。」[30] 這段箴言不論在第二聖殿時期抑或是第一聖殿時期的含義都是相同的。女孩的教育責任，主要是託付給母親。這種自發性的教育任務，或許也促使母親們渴望拓展自己的教育程度，以獲取及保持她們的學生兼子女的尊重。

有些婦女心中充滿了對妥拉的熱愛，於是鼓勵其丈夫獻身猶太教育數年，她們願意負擔家中的經濟重擔，亞基巴拉比的妻子就是這樣的一個例子。他勒目中記載，這位知名的學者曾經在許多信眾前公開承認他積欠妻子債務，並坦承地說：「我所有的及你所有的，都歸於她。」31

1 Mordecai M. Kaplan, "The Status of the Jewish Woman," in *Hadassah News Letter*, April, 1936.

2 見例如〈論叔娶寡嫂的婚姻〉第十五章第三節。我們可以從「我們可以從她的婚姻關係中學到」這段煞買派立場的文字，推論說這種婚姻契約在以色列是一種相當古老的制度。亦可見於耶路撒冷他勒目〈論婚書〉第八章最後一節。

3 見〈論婚書〉第四章。關於這些律法邁蒙尼德做出了傑出的摘要，見《婚姻律例》第十二章第一到五節。

4 塔方（Tarfon）拉比的案例記載在〈論婚書補述〉（Tosefta, Ketuboth）第五章第一節，他在緊急狀況下和三百名女性訂婚，但最後並沒有和她們結婚。至於希律王（King Herod），猶太人比較認為他是以東人（Edomite）而非猶太人。

5 〈論經期不潔〉31b。

6 〈創世記〉第三章第二十四節。通常學者們會從創世的故事中得出一個完全不同的觀點。內森．莫里斯在其《女人及其教育》（*The Woman and Her Education*）的其中一章曾舉例說：「只有在創世的故事當中，女人才被告知了如此多的話語：『你丈夫必管轄你。』」但熟悉猶太原始資料的人就知道，猶太人並不會如此由字面上來解釋這些話。他們將這句話解釋為：「你必戀慕你丈夫，你丈夫必管轄你。」意味著雖然對丈夫和為人母的渴慕是女人最為強烈的本能，但仍將由男人來爭取這一切。即使是後面會提到，連認為婦女地位不高的約瑟夫也沒有完全忽略這一點，在他的《猶太古史》開頭的章節中，也明確地提到了這個聖經中的片段。另見〈論安息日諸限制的融合〉100b。

7 〈瑪拉基書〉第二章第十四節。

8 〈先賢篇〉第一章第五節。

9 見《黎巴嫩的葡萄酒》。

10 〈先賢篇〉第一章第十七節。

11 《論飛行與找尋》（De Fuga et Inventione）第二十三章。

12 《猶太古史》第四卷第八章第十五節。

13 〈詩篇〉第四十五章第十四節。

14 〈論聖化〉80b；〈論安息日〉33b。

15 內森．莫里斯，《猶太學校》，頁二二〇。

16 〈出埃及記正解〉第二十章第十二節；〈論聖化〉30b—31a。

17 〈便西拉智訓〉第二十五章第二十四節；第七章第十九節；第二十五章第十三節；第四十章第二十三節；第二十五章第二十三節；第二十二章第二和第三節。

18 前引註，第四十二章第九至十一節。

19 〈論祝福補述〉（Tosef. Berakoth）第六章第二十三節；〈論素祭〉43b。

20 見威爾．杜蘭（Will Durant），《哲學的故事》（*The Story of Philosophy*）第一章第三節。

21 〈論婚書〉第五章第五節。

22 〈論聖化〉第二十九章。

23 見〈論許願〉第四章第三節。「他教他女兒聖經。」此處的含義，顯然是指女孩一般有接受米刻拉的教育。

24 〈論逾越節〉49a。

25 〈論疑妻行淫〉第三章第四節。亦可見邁蒙尼德《學習妥拉的法則》第一章第十三節。

26 〈約書亞記〉第一章第八節。

27 〈論經期不潔〉45b。

28 〈尼希米記〉第八章第二至三節。

29 耶路撒冷他勒目〈論疑妻行淫〉第一章第四節。

30 〈箴言〉第六章第二十節。

31 〈論許願〉50a。

VIII 結論

猶太教育與希臘、羅馬教育的比較

猶太教育與現代教育

猶太教育與希臘、羅馬教育的比較

第二聖殿和坦拿時期共約七個半世紀的猶太教育史，前面的篇章已經做了細部的呈現。現在要做的是，對於猶太教育中一些較爲顯著的特色，簡短地與希臘和羅馬教育體系進行比較。結論的部分，則是要對猶太教育中的重要理念和實踐做個摘要，並揭示哪些有延續到現代教育之中，又有哪些沒有。

毫無疑問地，猶太教育與希臘、羅馬教育的根本差異，在於教育目標。在斯巴達和早期雅典，教育的主要目標是要造就良好公民。所以個人的傑出與否，端視他在公共事務上如何做出貢獻，「早期雅典教育的整體目的，在於發展德行；不過值得注意的是，這裡所謂『德行』指的永遠是『公德』。」[1]由於要成爲好公民，需要盡可能地在身、心兩方面都加以發展，因此成立同時包含體育和音樂的雙軌制學校，大量的焦點被投注在體能和軍事訓練上。事實上，雖然在教育的核心關懷上，柏拉圖迥異於亞里士多德，一個著重於社會，另一個則重視個人，但在終極目標上，兩者是一致的——建立組織良好的國家。在高等教育方面，某些希臘哲學家特別強調兩項附加目標。

對蘇格拉底來說，爲了讓人們可以達致根本且普遍的道德原則，教育的目標在於發展思考的能力。就其他希臘哲學家而言，基於反思是人類的特殊能力，所以單純爲了得到知識而追求知識，就是人類的至善。大學或高等教育主要是由哲學思辨構成的，即使只有少數人被認爲足以勝任這些學習。此外，希臘哲學幾乎毫不關心現實問題，而是致力於盡可能地探索終極眞理。因此希臘哲學提供的是博雅教育。

羅馬教育的主要目標跟希臘差不多。早期的羅馬教育，無疑是用來在軍事、市政、經濟等方面養成完整的羅馬公民素養。即使到了後期，當高等教育一言以蔽之，都在教導雄辯術時，哲學的底蘊仍然變動不大。當時，雄辯家被視爲是最理想的公民。

至於猶太人，對他們來說，教育的主導因素是宗教動機。所有猶太人都必須認識律法，並在實踐中遵守。猶太教育因此極爲實用，它整合了生活中所有活動，智能的發展不過是這種教育下的副產品。一般來說，猶太人都對體育和軍事教育抱持著敵意。猶太人只有在律法相關的知識和遵行上，會想要超越其他民族。如同先知以賽亞所說的：「因爲認識耶和華的知識要充滿遍地，好像水充滿洋海一般。」[1a]這種知識的普世化，一直是猶太人的烏托邦之夢。在第二聖殿時代的末期，終於完整地組織起來的猶太學校體系，便是用來實現猶太人心中的這種理想。

從公元前五世紀中葉到三世紀中葉，早期羅馬教育的主要素材，與同一時期的猶太教育有相當程度的相似性。在這個時期，羅馬教育的主要內容是十二銅表法。一位現代美國學者在他的教育史中，做出以下評論：「這些法律不只是要背熟，同時在實務上，也被視爲是指導後世的根源，必須加以理解，乃至精通。事實上，羅馬教育的主題都與生活直接相關，而且幾乎都與每個人有關。知識分子重視十二銅表法研究的觀點，值得再行商榷……因爲十二銅表法研究並不是一門知識性的科目……無論是此前或之後的教育，都不曾有人把它當作知識學科來教。早期的羅馬教育，都是以傳記和羅馬法研究爲內容的歷史作爲主題。」[2]很遺憾地，當門羅博士在提出這些觀點時，並沒把猶太教育的歷史包含在內。畢竟猶太教育雖然在特色上與羅馬教育相近，內容卻廣泛多了。首先，聖經包含的內容與廣泛的程度，都遠勝十二銅表法。其次，猶太兒童不止限於學習成文律法。

他還得熟記聖經中每條律法所具有的許多特定口傳詳解，以及這些口傳內容是怎麼從經文或其他來源推論出來的。相較於當代的猶太教育體系，早期的羅馬教育在這些方面都有所不及。至於羅馬人是否知道猶太教育的早期構想，並把它用在他們的教育上，這將會是個有趣的研究課題。

不像猶太人的初、中等學校不分貧富，一律免費，大部分的希臘學校和所有的羅馬學校，都會收取學費。至於高等教育，猶太人與希臘人的做法恰恰相反。希臘各學院的創辦人，包括柏拉圖、亞里士多德、芝諾、伊比鳩魯在內，都是免費教學的，但他們的繼任者卻開始收起了學費；而在猶太人，學院起先都是依靠向學生收取每天的學費，來維持運作和管理，但到了坦拿時期，這個辦法就廢除了。

猶太學校和希臘、羅馬學校之間另一個顯著的差別，是科目的安排。在希臘的音樂學校裡，讓人印象最深的是，由標誌著九個不同主修或學科的繆斯來掌管；羅馬學校中，學生同樣有不同主修可供學習。至於猶太學校，所有科目被統整進對妥拉的研習之中。音樂和舞蹈因此不見容於猶太學校的課程。如果要學，就只能像當時要學藝術和手工藝一樣，在家裡自學或是去當學徒。猶太高等教育造就出具有原創性的創造精神，其程度絲毫不遜於希臘、羅馬的哲學學院和修辭學院。

在希臘和羅馬社會，普遍對於體力勞動抱持著卑微、低賤的態度，時間維持得比在猶太社會來得久上許多。畢竟在坦拿時期，絕大部分的拉比都是靠世俗職業來維生的。條件上的不同，或許便造就了一般而言，希臘人和猶太人之間的分野：前者總是把重點放在追求美麗和優雅上，後者則強調良好的道德行爲或品格。

然而關於某些項目，猶太教育基本上和希臘、羅馬教育是一樣的。猶太初等學校的入學年齡是六、七歲；希臘和羅馬也是七歲。在七歲之前，所有兒童都是在家教育。另一個相似的地方是女童的教育，雖然柏拉圖主張婦女與男人能力相同，因此應該接受類似的教育，但亞里士多德「女人雖有成人的身軀，卻只有小孩的心智。」的觀點，卻普遍佔了上風，女童也從而排除在學校之外。希臘和羅馬的女童接受教育的地方，與同時代的猶太女童一樣，都是在家裡。

在教學方法和原則上，古代猶太教育體系有某些部分與希臘、羅馬相似，然而其他部分則優於希臘和羅馬。雙方都盡量透過背誦和各種方式去發展、推動這一切。不過相較之下，猶太人更看重個體差異。雖然早在昆提良（Quintilian）寫下教育論著的好幾十年前，猶太的初、中等學校裡，就已經在實施他那些充滿智慧的教育原則。然而，不管兒童有多年幼，猶太人都不信任用玩耍和遊戲來教學。因爲對他們而言，無論是教育或者是妥拉，都是非常嚴肅的事情，所以他們會運用本書前面介紹過的其他心理學方法，引起兒童的興趣。

然而，猶太教育和希臘、羅馬教育之間，存在那些特別相似的地方，並不代表彼此的系統之間，曾經有過互相影響。由於這個問題缺乏相關證據，因此相關的任何主張，都純粹只是猜想。例如，幾乎沒有檔案可以證明波伊德（Boyd）博士聲稱的：「有趣又諷刺的是，事實上爲了避免自己的文化被希臘征服，猶太人採納希臘化的學校體系來教育兒童，又從希臘化的教育實踐那裡，借用爭論來栽培年輕男性。」[3]活躍於公元前四世紀的猶太大議會建立起猶太學院，猶太學校外在體系與內在影響因素演變的故事，正式展開。熟悉這段歷史的人都無法看出猶太學校體系是「採用希臘化學校制度」的結果；同樣地，猶太高等教育藉由進行爭辯或討論作爲教學方法的時間，也遠早於目前已知希臘採取同樣方法的時間。

教師在猶太社會中的地位，也使得猶太教育異於希臘和羅馬教育。對於後者來說，教師地位低下是常有的事，因爲年輕人的教育通常是交給戰爭中被俘虜的奴隸來負責，畢竟從智能和教育的觀點來說，這些奴隸無疑更加優越。在猶太人當中，則不是這樣實行的：只有那些不但深明律法、以虔誠和眞誠聞名於世、並且在社會上受到極高尊敬的人，才有資格成爲教師；至於奴隸，則被排除在猶太教育之外。

在實踐上，一如先前討論過的，猶太學校與希臘、羅馬學校之間最大的差別是在教育內容上。對猶太人來說，所有教育主題都包含在妥拉教育之中。它與指導日常行爲有關。拉比會教導所有其他知識，「像是天文學和幾何學之類的，不過是智慧的邊緣。」[4]可是對於希臘人和羅馬人而言，這些所謂的「智慧的邊緣」，卻是他們的核心主題。就算是對亞里士多德來說，在教育上，倫理學也沒有比他討論的其他主題來得重要。進一步來說，希臘人對於倫理方面的研究，主要是爲了對於人類和宇宙的本質進行理論性思考，而不是爲了要關心實際的行爲問題。不同於妥拉教育，在希臘和羅馬，倫理學不過是高等教育科目裡的其中一項而已。

總體上來說，上述哪個教育制度比較優異呢？事實是，猶太人雖然曾經遭受過嚴酷的迫害，卻依然存續至今，這正是這套體系成果的有力證明。

猶太教育與現代教育

從第二聖殿和坦拿時期的猶太教育研究，可以得出幾個一般性的結論。大約在兩千年前，猶太人發展出一套精細的學校體系，爲孩童和男性青少年免費提供普及的義務教育。高等教育院校剛開始時曾經收取過學費，後來也改爲免費教育。在這方面，他們比現代大多數的大專院校來得先進許多。在理解猶太教育體系的演變過程時，必須注意到的是，最先建立的是學院，其次是中學，最後才是初等學校。顯然，這似乎是學校體系的自然發展，像是美國的學校體系也不例外。

猶太教育的主要重點是讓生活符合道德，而不是追求知識和獲取文化。杜威（Dewey）和其他現代教育家的教育哲學在許多方面，都與古代猶太教育體系雷同，大致上，他們反對過往那些把教育當成是爲將來生活做準備而累積知識的教條，認爲教育就是要正確地去活動和生活。對於現代教育的批評認爲，它無法達到像古代猶太教育那樣，將即使是世俗知識在內的所有主題，都整合進妥拉教育當中，並確實地在猶太人的生活中實踐出來；而是花費許多時間在教學，但學科之間卻沒有關聯性，也從未被適當地統合在一起。另外，對於學生在升級到較高教育層級時可能突發的變化，猶太教育體系在這方面具有防範措施。然而，對於這個問題，現代教育依然在努力尋求解決之道。

更進一步說，猶太教育的性質是如此，因而得以免於現代教育中，難以聯繫態度和行爲或思想到行動的問題。因爲妥拉已經包含對所有行爲的指導。學校裡的口頭訓誨是直接與生活中所有實際的運作綁定在一起的。所有的猶太人都知道，他們的一舉一動都必須遵從律法。關於這種連結，約瑟夫說：「因爲無論是要進行任何種類的學習，或是讓生活中的行爲符合道德，都可以用兩種方式達成：一是口頭的教導，二是實際的操作。現在，其他立法者憑他們自己的觀點，把這兩種方式給拆開來，選了其中一種——或者說是選了最能取悅他們所有人的那種——作爲指導的方式，並忽略另一種……但我們的立法者摩西，卻非常仔細地將這兩種教學方法結合在一起，不但不容許在沒有口頭指導時，就在現實中繼續操作，也不准在聆聽律法以後，在實際生活中沒有實踐。根據他的意願和安排，打從每個人的孩提時期便隨即展開，而每一次的膳食法令，他都這樣的知行合一，哪怕是最微小待補的空隙都沒遺漏。」5

放眼現代教育的七項基本目標——包括保持健康、掌握基礎方法、成爲家中的優良成員、投身職業、行使公民權、善用休閒時間和道德品格——當中，只有一項目標是猶太學校體系沒有具體觸及到的：投身職業。那是因爲如前所述，在古代，職業和工藝的培訓必須經由學徒實習才能完成。當中只有教師、文士和法官等特定職業，是極少數的例外。至於其他六項，不但正是猶太教育的目標，而且妥拉還促進了它們的實現。就算是公民權一詞，假如定義可以放寬到建立一個民族在思想和禮節上的一致，那麼它也確實是被猶太教育包含在內。

在某個方面，老式猶太教育更勝現代教育。對猶太人來說，教育毫無疑問地是終身之事，不會因爲從學校畢業而停止。無論富裕或貧窮、年輕或年老，每個猶太人終其一生，都有義務每天研讀妥拉。在猶太教育史上，工匠或產業工人每天撥出一部分時間，去更深入地研讀妥拉的例子，比比皆是；其中又以坦拿時期特別盛行。當然，現代教育也期盼學生在畢業後，能繼續接受教育，但直到最近，才有團體努力在把這種期盼化爲現實。

要是不談女童被排除在猶太學校體系之外一事，那麼即使是與以美國爲首的各國現代教育體制相比，猶太教育也略勝一籌。現代教育雖然對於男童和女童，都平等地給予發展更高智力的機會，但在另一方面，卻忽略了提供所有女童關於培養出高效和勤奮的家庭主婦所必備的實際家務知識。就算是現代女性社群，也確實需要接受這些知識和訓練。

就如前文所指出的那樣，猶太人為已經成年的男女提供了各式成人教育。雖然比起現代教育機構，猶太人的機構沒有來得更加傑出，數量也沒有更多，但卻被更高比例的社區善加利用。至於新聞媒體、電影院和廣播電台等更加現代的機構，則理所當然地不在這比較之列。

猶太人對於學校裡所採取的教學方法與原則，展現出切合實務的判斷和智慧。現代教育大量受惠於心理學近年來的發展。但是，在某些秉持現代進步主義的學校中，過度重視將方法論從內容中抽離出來教導的結果，看起來並不樂觀。在這項問題上，老式猶太教育依然不失為一套可以自行聰明選用的方案。

有關猶太教育體系的成功，某些特定因素會反覆被提及。在第二聖殿時期，猶太學校的系統組織已經完全成形。許多古代文獻都提到，幾乎所有猶太男童都受過良好的基礎教育，例如以約瑟夫的文字爲例：「但對我們這個民族而言，如果有人詢問我們當中任何人關於我們律法的事情，比起說出他自己的名字，他更能輕而易舉地回答所有問題。這是打從我們方能辨識事物的年紀就開始學習律法的成果，它們都銘刻在我們的靈魂上了。所以我們當中幾乎沒有人違犯律法；就算有，無論是哪種犯罪，都不可能規避懲罰。」[6]同樣古早的證據顯示，在坦拿時期，一般男性人口中，至少有三分之一曾經受過頗爲完整的中學教育。這些數據比起以美國爲首的各國現代教育，可以說是毫不遜色。

筆者雖然對於某位似乎有時候會抱有與眾不同和超科學式期望的現代作者感到同情，卻難以苟同。這位作者聲稱：「當前普遍被接受的觀點，也就是早在第二聖殿被摧毀前，某些相關當局已經提供猶太人『普及』和帶有『義務』性質大眾教育的說法，實在是很莫名地缺乏歷史思維。這種觀點等於是把現代觀念硬套到它不適用的條件與時代上去；現代意義上的義務教育，從來就不曾在古代猶太人或其他任何民族之中存在過。」[7]

有足夠的證據可以支持我們對於這點的結論，即使是用所謂的「歷史思維」來檢視，我們之前提過的觀點依然成立。關於猶太人當中從來不存在義務教育的說法，筆者認爲剛好相反。事實上，當時的義務教育並不亞於當今現代社會中的義務教育，因爲對於猶太人而言，那是宗教義務。一如本研究早先指出的那樣，家長要是忽略了給子女的教育，是會遭到整個猶太社群排斥的。

整體來說，第二聖殿和坦拿時期的猶太教育史呈現出的圖像，是一套早在大約兩千年前，就由高度理想去推動，注重實際和效能，終至發展成可以滿足全體民眾需求的教育體系。我們在此引用斐羅的話作爲最終結論：「因爲自學的天性其實屬於神性，它會不斷求新，而且比我們思考所能企及的更加高深……你有否聽說過希伯來婦女在生產時，從不需要借助於收生婆嗎？一如摩西的經書上所寫的：『收生婆還沒有到，她們（譯註：希伯來婦女）已經生產了。』那就是，他們在制度、藝術、科學等還沒抵達以前，便已經順應天性，生出了整套教育體系。」[8]在這麼早的歷史階段，人們就可以發展出這樣令人滿意且完整的教育體系，著實是個驚人的現象，呈現出猶太社會眞正的洞察力和效能。

---

1 Elmer H. Wilds, *The Foundations of Modern Education*, p. 93.

1a 〈以賽亞書〉第十一章第九節。

2 Paul Monroe, *Source Book of the History of Education for the Greek and Roman Period*, pp. 333-4.

8 William Boyd, *History of Western Education*, p. 64.

4 〈先賢篇〉，第三章末。

5 約瑟夫《駁阿皮翁》第二卷第十七—十八節。

6 同上，第十九段。

7 Nathan Morris, *The Jewish School*, pp. 19-20.

8 《論飛行與找尋》第三十篇；〈出埃及記〉第一章第十九節。

參考書目

這份參考書目中所列，是本書在寫作過程中，所有參考過有關第二聖殿與坦拿時期猶太教育的書籍和論文。為了確保沒有遺漏，連缺乏原創或學術貢獻的大眾文學彙編，和伊姆博（Naftali Herz Imber）那些出色但並不可靠的論文，也被收錄在這份列表中。

在原始文獻中所列，是從第二聖殿和坦拿時期就保存至今的所有古代作品，當中雖然有些作品的成書年代遠早於此，像是聖經中的許多書卷，之所以也需要被放進來，是因為在本書探討的這個時期中，它們作為被用來訓誨的文本。在二手文獻中所列的，則是在這個時期之後才出現，但在討論中與這個主題息息相關的所有作品。

為了英文寫作上的通順，在有對照過原文的前提下，本書會參考甚至引用譯文。像是美國猶太出版學會出版的希伯來聖經新譯本、新約聖經英王欽定本、寇爾森（Colson）和惠帖克（Whitaker）的斐羅譯作、丹比（Danby）翻譯的米示拿，和勞特巴哈（Lauterbach）翻譯的〈出埃及記正解〉。

I 原始文獻

（一）舊約聖經。
（二）Apocrypha 和 Pseudepigrapha。
（三）Mishnah、Mekilta、Sifra、Sifre 和 Tosefta。
（四）被耶路撒冷他勒目和巴比倫他勒目引用的片段。
（五）約瑟夫和斐羅的作品。
（六）Targumim。
（七）Megillat Taanit、Seder Olam、Midrash Tannaim、Mekilta de-Rabbi Shimon、Sifre Zuta，與其他最近發現的小型作品和殘卷。
（八）新約聖經。

II 二手文獻

A 古代希伯來文獻

（一）Babylonian Talmud 和 Jerusalem Talmud 及其諸多註釋。
（二）Midrashim。
（三）Maimonides' " Yad Hahazakah"。
（四）"Shulhan Arukh"，及其註釋。

B 現代希伯來文獻

1 אוצר ישראל.

2 אסף ש. — מקורות לתולדות החנוך.

3 בכר, בנימין זאב — אגדות התנאים. מתרגם מגרמנית ע"י רבינוביץ.

4 ברילל, יאקב — מבוא המשנה.

5 גרינוואלד, י. י. — תלמוד בבלי וירושלמי.

6 גרינוואלד, י. י. — תולדות הכהנים הגדולים.

7 הורוויץ, ש. ל. — הדת והחנוך,1927.

8 הלוי, יצחק אייזיק — דורות הראשונים., 1923.

9 הירשענזאהן, חייס — תורת החנוך הישראלי, 1927.

10 וואכסמאן, מ. — דור דור ומחנכיו, 1927.

11 ווייס, אייזיק הירש — דור דור ודורשיו, 1904.

12 טשארנא, ש. י. — תולדות החנוך במקרא ובתלמוד.

13 טשרנוביץ, חייס — תולדות ההלכה, 1934.

14 יודילוביץ, מ. ד. — ישיבת פומבדיתא, 1935.

15 יהודה בן ליב — ספר אומר מיהודה, הלכות מלמדים, 1790.

16 יעבץ, זאב — תולדות ישראל, 7-1932.

17 מרקין, יצחק — תולדות החנוך וההוראה, 1924.

18 נימרק, דוד — תולדות הפילוסופיה בישראל, כרך ראשון, 1921.

19 עפשטיין, ברוך — מקור ברוך, כרך ראשון, 1929.

20 ערוך השלם.

21 צורי — תולדות דרכי הלמוד בישיבות סורא ונהרדעא, 1914.

22 צייטלין, שניאור זלמן — הצדוקים והפרושים. חורב, 1936.

23 קלוזנר, יוסף — הבית השני בגדולתו, 1930.

24 קלמנזוהן, מ. — עשרה מאמרות לשאלת החנוך, 1887.

25 רביניצקי וביאליק — ספר האגדה.

C 法、德文文獻

Bacher, W. — Das Altjüdische Schulwesen, Jahrb. f. Jud. Gesch. u. Lit., vol. 6.
Blach-Gudensberg — Das Pädagogische im Talmud, Halberstadt, 1881,
Delitzsch, Friedrich — Assyrisches Handwörterbuch, Leipzig, J. C. Hinrichs, 1896.
Durr, L., — Die Erziehung im Alten Testament, 1932.
Duschak, M. — Schulgesetzgebung und Methodik d. alten Israeliten, Wien, 1872.
Fischel, Walter — Die Juedische Pädagogik in der Tannaitischen Literatur, 1928.
Frankfurter, S. F. — Die Altjüdische Erziehungswesen im Lichte modernen Bestrebungen, 1910.
Gudemann, M. — Quellenschriften zur Geschichte des Unterrichts und der Erziehung bei den deutschen Juden, Berlin, 1891.
Guttmann, J. — Die Scholastik des XIII. Jahrhunderts in ihren Beziehungen zum Judentum und zur jüdischen Literatur, Breslau, 1902.
Herner, S. — Erziehung und Unterricht in Israel, Haupt Oriental vol. pp. 58-66.
Hirsch, S. R. — Aus der Rabbinische Schulleben inbesonders im Talmudischem Zeit, 1871.
Kottek, H. — Die Hochschulen in Palästina und Babylonia, in Jahrb. f. Jud. Gesch. u. Lit.
Krauss, S. — Griechische und lateinische Lehnwörter in Talmud, Midrash, und Targum, 2 vols., 1898.
Krauss, S. — Talmudische Archäologie, 3 vols., 1909-12. Band III, chapter XII, "Schule."
Lewit, J. — Darstallung der theoretischen und praktischen Pädagogik im jüdischen Altertume nach dem Talmud, Berlin, 1896.
Marcus, Samuel — Die Pädagogik des israelitischen Volkes, 2 vols., Vienna, 1877.
Perlow, T. — L'éducation et l'enseignement chez les Juifs à l'époque talmudique, 1931.
Rosenberg, E. — Die jüdische Volkschule der Tradition, 1890.
Schargorodzka, F. — Die Pädagogischen Grundlagen des Pharisäischen Judentums des tannaitischen Zeitalters in Palästina, 1913.
Schwarz, Ad. — Hochschulen in Palästina und Babylonien, in Jahrb. f. Jud. Gesch. u. Lit., 1899.
Simon, Joseph — L'éducation et l'instruction des enfants chez les anciens Juifs d'après la Bible et le Talmud, Paris, 1879.
Stern, J. — Die Talmudische Pädagogik, 1915.
Strassburger, Baruch — Geschichte der Erziehung und des Unterrichts bei den Israeliten, Stuttgart, 1885.
Wiesen, Joseph — Geschichte und Methodik des Schulwesens im talmudischen Altertume, Strassburg, 1892.
Wiesner, L. — Die Jugendlehrer in der talmudischen Zeit, 1914, pp. 48-81.
Zeller, Eduard — Die Philosophie der Griechen, 3rd ed., Leipzig, Fues's verlag, 1879.

D 一般英語歷史及參考書籍

Cheyne, Thomas K. and Black, J. S. — Encyclopedia Biblica, 4 vols., New York, The Macmillan Co., 1899.
Cubberley, Ellwood P. — The History of Education, Boston, Houghton Mifflin Co., 1920.
Durant, Will — The Story of Philosophy, Toronto, Doubleday, Doran & Gundy, Ltd., 1927.
Ewald, G. H. A. — The History of Israel (tr. from the German), 8 vols., London, Longmans, Green & Co., 1878-86.
Finkelstein, Louis — Akiba, Scholar, Saint and Martyr, New York, Covici Fried Publishers, 1936.
Finkelstein, Louis — The Pharisees, Philadelphia, Jewish Publication Society of America, 1938.
Graetz, H. — History of the Jews, 6 vols., Philadelphia, Jewish Publication Society, 1898,
Hastings Dictionary of the Bible, 5 vols., New York, Charles Scribner's Sons, 1903.
Herford, R. Travers — The Pharisees, New York, The Macmillan Co., 1924.
Hosmer, James K. — The Jews, Ancient, Medieval, and Modern, New York, G. P. Putnam's Sons, 1911.
Jewish Encyclopedia, 12 vols., New York, Funk and Wagnalls, 1901.
Kent, Charles Foster — Biblical Geography and History, New York, Charles Scribner's Sons, 1911.
Kent, Charles Foster — The Makers and Teachers of Judaism, New York, Charles Scribner's Sons, 1911.
Mielziner, M. — Introduction to the Talmud, Cincinnati, Bloch Publishing Co., 1894.
Monroe, Paul — Source Book of the History of Education for the Greek and Roman Period, New York, The Macmillan Co., 1928.
Monroe, Paul — Text-Book in the History of Education, New York, The Macmillan Co., 1938.
Moore, George Foot — Judaism in the First Centuries of the Christian Era, The Age of the Tannaim, 3 vols., Cambridge, Harvard University Press, 1927.
Renan, Ernest — History of the People of Israel, 5 vols. (tr. from the French), Boston, Little Brown & Co., 1905.
Rodkinson, Michael L. — The History of the Talmud, Boston, 1916.
Schechter, S. — Studies in Judaism, 3 vols,, Philadelphia, Jewish Publication Society, 1896-1924.
Strack, Hermann L. — Introduction to the Talmud and Midrash (tr. from the German), Philadelphia, Jewish Publication Society, 1931.
Schürer, Emil — History of the Jewish People, 5 vols., Edinburgh, T. & T. Clark, 1908.
Waxman, Meyer — A History of Jewish Literature, Vol. 1, 2nd ed., New York, Bloch Publishing Co., 1938.
Wellhausen, Julius — Sketch of the History of Israel and Judah, London, Black, 1891.
Zeitlin, S. — Megillat Taanit and Jewish History, Philadelphia, 1922.

E 英語書寫的猶太教育相關論文

Almond, D. — Hebrew Religious Education, 1922.
Berger, J. — Elementary Education in the Talmud, Montreal, Eagle Publishing Co., 1929.
Cornill, Carl Heinrich — "Education of Children," Ancient Israel Monist, Vol. 13, pp. 1-22.
Cornill, Carl Heinrich — The Culture of Ancient Israel, Chicago, The Open Court Publishing Co., 1914.
Edersheim, Alfred — Sketches of Jewish Social Life, Boston, 1876, Chapters VI-VIII.
Ellis, G. Harold — "Origin and Development of Jewish Education," Ped. Seminary, 1902, IX, 50-62.
Feldman, William Moses — The Jewish Child; its history, folklore, biology, and sociology, London, Bailliere, Tindall & Co., pp. 275-288, 1917.
Ginzberg, Louis — Students, Scholars and Saints, Philadelphia, Jewish Publication Society of America, 1928, pp. 1-87.
Gollancz, Hermann — Pedagogics of the Talmud and that of Modern Times, London, Oxford University Press, 1924.
Graves, Frank P. — A History of Education before the Middle Ages, New York, The Macmillan Co., 1919, pp. 110-137.
Hertz, J. — Jewish Religious Education, London, 1924.
Imber, N. H. — " Education and the Talmud," Report of the U. S. Commissioner of Education, 1894-95, II, pp. 1795-1820.
Kretzmann, Paul Edward — Education Among the Jews from the Earliest Times to the end of the Talmudic Period, 500 A.D., Boston, R. G. Badger, 1916.
Laurie, Simon S. — Historical Survey of Pre-Christian Education, New York, Longmans, Green & Co., 1900, pp. 65-100.
Lauterbach, Jacob Z. — Names of Rabbinical Schools and Assemblies in Babylonia, H.U.C.A. Jubilee Vol., 1925, pp. 211-222.
Maynard, John Albert — A Survey of Hebrew Education, Milwaukee, Wisconsin, Morehouse Publishing Co., 1924.
Monroe, Paul — A Cyclopedia of Education, New York, Macmillan Co., 1925, "Jewish Education."
Morris, Nathan — The Jewish School from the Earliest Times to the Year 500 of the Present Era, London, Eyre and Spottiswoode, 1937.
Pearce, Clarence — The Education of Hebrew Youth from the Earliest Times to the Maccabean Period.
Rosenberg, Meyer J. — The Historical Development of Hebrew Education from Ancient Times to 135 C.E., New York, 1927.
Shapiro, Joseph — Education among Early Hebrews with Emphasis on Talmudic Period, "Abstracts of Thesis Researches Completed and Bibliography of Publications," University of Pittsburgh, 1938.
Spiers, Baer — The School System of the Talmud, London, E. Stock, 1898.
Swift, Fletcher H. — Education in Ancient Israel from Earliest Times to 70 C. E., Chicago, Open Court Publishing Co., 1919.
Swift, Fletcher H. — Open Court, Vol. 31, pp. 725-740; Vol. 32, pp. 9-29; Vol. 41, pp. 220-231.
Wilds, Elmer Harrison — The Foundations of Modern Education, New York, Farrar 8c Rinehart, 1939, pp. 60-77.

國家圖書館出版品預行編目 (CIP) 資料

猶太教育的千年傳承 / 內森．德拉金 (Nathan Drazin) 著 ; 張博 , 張瑋哲 , 邱鐘義 , 江坤祐譯 . -- 初版 . -- 臺北市 : 網路與書出版 : 大塊文化發行 , 2018.01

280 面 ; 14.8*19.5 公分 . -- (黃金之葉 ; 16)

譯自 : History of Jewish education from 515 B.C.E. to 220 C.E.

ISBN 978-986-6841-96-5(平裝)

1. 教育哲學 2. 教育制度 3. 猶太民族

520.11　　106023419

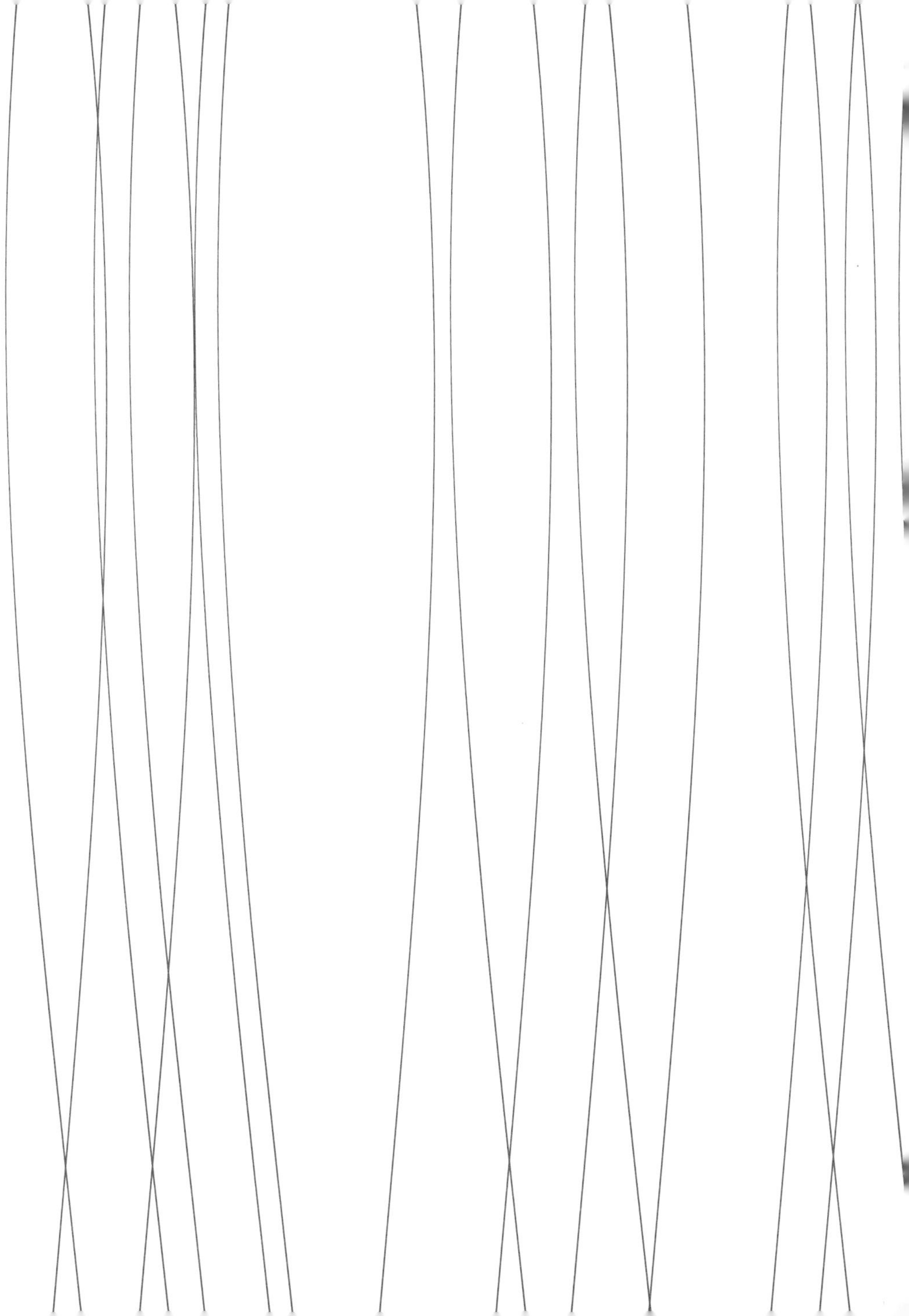

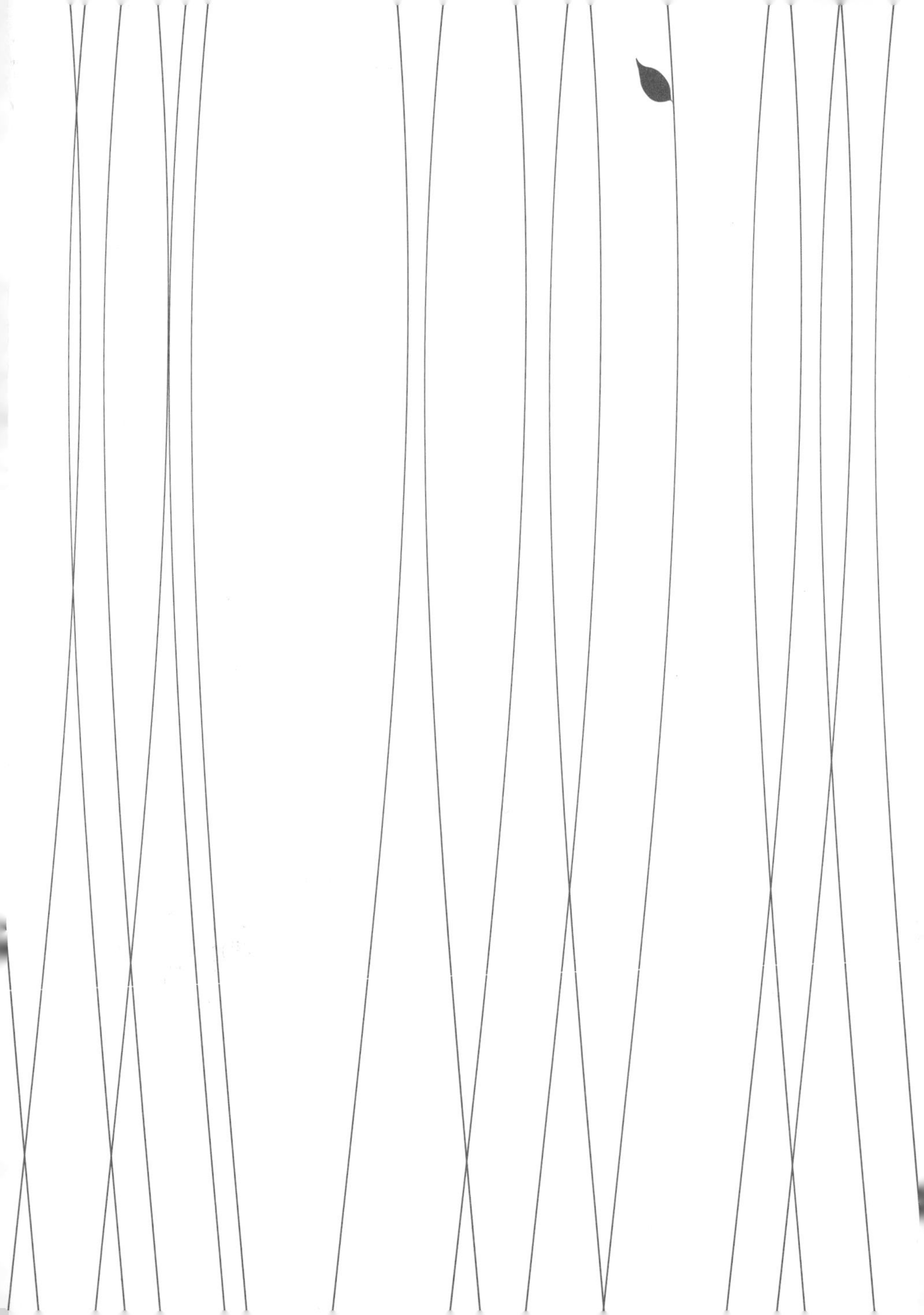